Diamond
SOJA SAUCE

DUMONTS KLEINES LEXIKON SAUCEN & DIPS

Kristiane Müller-Urban

Bildnachweis: CMA Deutsche Butter: S. 20; Food Look, Köln: S. 8, 38, 88, 134, 135, 143, 175, 178, 180, 184, 186, 188, 203, 208, 213, 264, 288; Food Look, New York, Peter Medilek: S. 87, 96, 100, 101, 102; Kalifornische Mandeln: S. 220, 244; Christian Kargl: S. 76, 97, 118, 131, 132, 145, 148, 166, 210, 227, 238, 239, 242, 249, 267, 268; Kikkoman: S. 42; Knorr: S. 79, 104, 126, 215, 246; Peter Kölln KGaA, Köllnflockenwerke: S. 120, 207, 209, 245, 255, 262; Maggi: S. 12 o., 62, 65, 75, 105, 137, 157, 173, 223, 241, 243; Meggle: S. 225; Mondamin: S. 14, 44, 71; Schwartau: S. 250, 253, 254, 260, 261, 264, 266; Brigitte Sporrer/Alena Hrbkova: S. 10, 11, 13, 17, 22, 23, 24, 27, 28, 30, 31, 32, 33, 34, 35, 37, 47, 49, 50, 51, 56, 58, 61, 66, 67, 68, 69, 76, 77, 78, 80, 82, 83, 85, 86, 90, 92, 93, 94, 97, 98, 107, 110, 111, 114, 116, 117, 123, 124, 125, 128, 130, 139, 140, 144, 149, 150, 153, 154, 158, 160, 163, 166, 167, 170, 172, 174, 177, 182, 190, 192, 195, 196, 198, 201, 211, 216, 219, 222, 224, 236, 241, 252, 256, 264, 270, 279, 293; Surig: S. 9, 12 u., 55, 72, 99, 103, 106, 122, 127, 129, 146, 159, 161, 165, 168, 169, 204, 205, 206, 228, 229, 230, 232, 234, 235, 237, 242, 258, 281; Zespri Gold Kiwifrucht: S. 108

Alle Angaben, Rezepte und Ratschläge in diesem Buch wurden von der Autorin und dem Verlag sorgfältig erwogen und geprüft, gleichwohl sind inhaltliche Fehler nicht auszuschließen. Eine Haftung der Autorin und des Verlags für Personen-, Sach- und Vermögensschäden ist ausgeschlossen.

Originalausgabe

2. Auflage 2003

Druck und buchbinderische Verarbeitung:
Appl, Wemding

Printed in Germany

ISBN 3-8320-8823-7

Inhalt

Einführung

Wie es begann: Von der ersten salzigen Brühe bis zur delikaten Sauce

Nachdem die Menschen das Feuer, den guten Geschmack und den Nährwert von Fleisch und Gemüse entdeckt und das Kochgeschirr erfunden hatten, brieten und garten sie ihre Nahrung, Saucen waren damals noch unbekannt. Gemüse und Getreide wurden in Wasser gekocht, Fleisch und Fisch über loderndem Feuer oder in großen Kesseln gebraten. Die Ernährung unserer Vorfahren war eine ganze andere als unsere heutige. Erst die Römer übergossen ihre fertigen Speisen mit einer salzigen Brühe, denn das von ihnen zum Kochen verwendete Fleisch war zuvor zum Haltbarmachen eingesalzen worden. Diese ersten saucenähnlichen Marinaden sollten hauptsächlich einen unangenehmen Geschmack der Fleischgerichte überdecken, sie dienten nicht dazu, eine Speise zu verfeinern. Die ersten köstlichen Saucen verdanken wir natürlich der französischen Kochkunst.

Eine Sauce für den Marquis de Bechamel

Im Laufe der Zeit lernten die Köche, insbesondere in Frankreich, die Saucen immer weiter zu verfeinern.

Die Mehlschwitze – wohlklingender ist die französische Bezeichnung Roux – wurde im 17. Jahrhundert in Frankreich erfunden. Oft diente die Sauce aus einer Mehlschwitze dazu, ein Mahl nahrhafter zu machen. Ein halbes Kilo Möhren in einer mächtigen Mehlsauce reicht für vier und mehr Esser und macht länger satt als 500 Gramm in Butter und Zucker karamellisierte Möhrchen. Heute sind die mit Mehl gebundenen Saucen leichter und raffinierter im Geschmack.

Einem Franzosen gebührt ein besonderer Dank, dem Koch des Marquis de Béchamel. Denn er rührte zum ersten Mal diese feine Sauce aus einer Mehlschwitze, Gewürzen und Milch für den Herrn von Béchamel. Die Köche am französischen Hof gaben ihren neuen Kreationen gern den Namen ihres Auftraggebers. So erinnert die Duxelles, eine Zubereitung aus gehackten Champignons, Schalotten, Wein und Petersilie, an den Marquis d'Uxelles, dessen Koch diese Zubereitung für ihn kreierte.

DIE MODERNE SAUCENKÜCHE

Die ersten guten Saucen waren die Béchamelsauce aus Milch und Mehl, die braunen Saucen *(Sauces brunes)* und Samtsaucen *(Velouté)* aus Mehlschwitze und Brühe und natürlich die Hollandaise, die mit Eigelb gebunden wurde. Sie haben ihren Ursprung in Frankreich. Jetzt wurde die Sauce nicht mehr zur

Überdeckung eines unangenehmen Geschmacks der Speisen gebraucht, sondern sie bereicherten die Speisen und erfreuten die Gaumen der Feinschmecker. Die Köche an den Königs- und Fürstenhäusern entwickelten immer neue Köstlichkeiten.

Die meisten Menschen, die ich kenne, lieben Speisen mit Saucen: Sei es ein Schweinebraten, eine knusprige Gans, eine Gemüseplatte, ein vitaminreicher Salat, ein Pastagericht oder ein saftiges Steak. Die Saucen sind hell oder dunkel, bestehen aus Sahne oder Fonds, aus Essig und Öl, aus püriertem oder gehacktem Gemüse, Kräutern, Käse, Früchten, Schokolade oder Gewürzen. Glücklicherweise können wir heute aus einem wunderbaren Fundus schöpfen, der Ingredienzen aus aller Herren Länder für uns bereit hält.

Also, keine Angst vor der Zubereitung einer leckeren Sauce. Mit frischen Zutaten, etwas Fantasie beim Abschmecken und unseren erprobten Rezepten gelingen alle Saucen, Dips und Salsas.

GEWÜRZE FÜR DEN GUTEN GESCHMACK

Grundlage einer Sauce ist Wasser, Brat- oder Schmorsaft, Gemüsebrühe oder Wein, Essig und Öl. Verfeinert und gebunden wird die Sauce mit Sahne, Butter oder Eigelb, Mehl oder Speisestärke. Die wichtigsten Gewürze sind natürlich Salz und Pfeffer, eine kleine Prise Zucker erhöht den Geschmack. Aber dann kommt es auf die Fantasie des Kochs und der Köchin an.

Zum Würzen sind alle Gewürze und Kräuter geeignet. Und wer bisher dachte, dass Zimt und Anis nur in die weihnachtliche Backstube gehören, Senf nur zum Knackwürstchen und Konfitüre nur aufs Frühstücksbrötchen, muss sich eines Besseren belehren lassen. Nur Mut, wenn Ihre Sauce noch nicht vollendet mundet. Rühren Sie nach Ihrem Geschmack etwas Tomatenmark oder Ketchup, etwas süßen oder scharfen Senf oder auch etwas Marmelade oder Konfitüre in die Sauce. Ein Löffel Hagebuttenmark verleiht einer Wildsauce einen besonders pikanten Geschmack. Orangenmarmelade, Lemongelee oder eine englische Konfitüre aus Ingwer verfeinert Saucen für Geflügel und Kalbfleisch. Auch etwas geriebene oder geraspelte Zitronen-, Limetten- oder Orangenschale erfreut den Gaumen des Genießers. Ein Stück bittere Schokolade macht aus einer Bratensauce ein unvergessliches Saucenerlebnis.

Schauen Sie sich auch im Supermarkt, im Reformhaus und im Bioladen nach Gewürzmischungen um. Hier finden Sie ein vielfältiges Angebot für jeden Geschmack, beispielsweise eine indische Tandoori-Gewürzmischung, die manch »deutscher« Sauce zu hoher Anerkennung verhilft. Andere Gewürzmischungen sind besonders für mexikanische, karibische, italienische oder amerikanische Gerichte, aber natürlich auch für alle anderen Speisen geeignet. Lebkuchen- und Spekulatius-Gewürzmischungen sind ebenfalls hervorragende Würzmittel für Dessertsaucen. Und manchmal auch für eine kräftige Wild- oder Rindfleischsauce.

Tipp

Suppengrün, Pilze und Tomaten, alle Gewürze, bis auf Lorbeerblätter, immer erst die letzten 30 Minuten mitgaren. Nur so bleibt ihr Aroma erhalten, denn bei längerer Garzeit fliegt es leider mit dem Küchendunst zum Fenster hinaus. Frische Kräuter, bis auf Thymian, Rosmarin und Salbei, immer erst nach Vollendung der Sauce beigeben.

KALTE SAUCEN

Dips, Dressings und Salsas werden am besten mit Zitronen- oder Limettensaft und Zucker, Honig oder einem alternativen Süßungsmittel wie Dicksaft aus dem Reformhaus oder Bioladen süßsauer abgeschmeckt. Etwas frischer Ingwer, Korianderpulver, frische Chilischoten und Kreuzkümmel sorgen für einen exotischen Geschmack. Fast immer mit dabei sind Zwiebeln und Knoblauch.

DIE DESSERTSAUCEN

Die Königin der Gewürze für Dessertsaucen ist natürlich die wertvolle Vanille. Die schwarze Schote wird mit einem Messer längs aufgeschnitten, das Mark herausgeschabt und mit der Schote in der Grundzubereitung oder Sauce erwärmt. Dadurch kommt das Aroma am besten zur Geltung. Ein guter Vanillezucker ist ebenso geeignet. Dessertsaucen können gut mit der Schale von unbehandelten Zitrusfrüchten abgeschmeckt werden. Fruchtige Dessertsaucen vertragen sich an erster Stelle mit Zimt, aber auch mit Anis, Koriander- und Kardamompulver, Piment, Sternanis und Gewürznelken und auch schon einmal mit einem Lorbeerblatt.

Das erwartet Sie

In diesem kleinen Lexikon der Saucen, Dips und Salsas finden Sie neben den Grundrezepten für klassische Saucen, Fonds und Marinaden kräftige Saucen für Fleisch und Geflügel, feine Saucen für Fisch und Meeresfrüchte sowie Gemüsegerichte, und natürlich zahlreiche Saucen für Pasta- und Co., Salatsaucen und Dressings sowie exotische Saucen, Salsas, Chutneys, Relishes und Dips. Das letzte Kapitel ist den himmlisch süßen Dessertsaucen vorbehalten.

Im Anhang finden Sie alles, was Sie über Saucen wissen müssen und möchten: Womit wird eine Sauce gebunden? Was muss ich tun, wenn die Sauce nicht reicht? Oder wenn sie geronnen ist? Unsere Pannenhilfe gibt Auskunft! Kann man Saucen einkochen und einfrieren? Wir sagen es Ihnen, und wir erklären auch ein paar wichtige Fachausdrücke. Und natürlich erfahren Sie, welche Sauce wozu am besten schmeckt. An Hand des ausführlichen Registers finden Sie schnell das von Ihnen gesuchte Rezept.

Bleibt mir nur noch zu sagen: Ran an den Herd und an die Saucentöpfe. Rühren und schlagen, mixen und passieren Sie, würzen und schmecken Sie ab, bis der Geschmack überzeugt.

Klassische Saucen, Fonds & Marinaden

Wer ein leckeres Mahl auf den Tisch bringt, wird dazu immer eine gute Sauce servieren. Es gibt eine Reihe klassischer Saucen, deren Herstellung gar nicht so schwierig ist, wenn einige Regeln beachtet werden. Zu diesen klassischen Saucen gehört zu allererst natürlich die Sauce Hollandaise. Auch die Béchamelsauce zu Gemüse, die Meerrettichsauce oder Apfel-Meerrettich zu gekochtem Fleisch, die Senfsauce zu Kochfisch, die Kräutersauce, die Tomatensauce und natürlich die pikante Majonäse, sie alle zählen zu den Grundsaucen. Fonds, eine kräftig eingekochte Brühe, sind Grundlage zahlreicher Saucen. Auch die würzigen Marinaden, in denen Fleisch und Fisch eingelegt werden, gehören zu unserer modernen Küche.

Sauce Hollandaise

ZUTATEN: 3 Eigelb • 40 ml Weißwein • 150 g zerlassene Butter • Salz • 1 Prise Cayennepfeffer • Saft von 1/2 Zitrone

ZUBEREITUNG: Eigelbe mit Weißwein über einem Wasserbad schaumig schlagen. Die zerlassene Butter mit einem Schneebesen vorsichtig unterschlagen. Mit Salz und Cayennepfeffer würzen und mit etwas Zitronensaft abschmecken.

Diese warme, aufgeschlagene Sauce kann man nicht nur zu frischem weißem Spargel oder anderem Gemüse reichen, sie schmeckt auch zu kurz gebratenem Fleisch.

TIPP

Eine Variante ist die Sauce Maltaise, abgeschmeckt mit Blutorangensaft und Orangenzesten.

Limetten-Hollandaise

ZUTATEN: 4 Eigelb • 2 TL Limettensaft • Salz • frisch gemahlener weißer Pfeffer • 250 g Butter • 1 unbehandelte Limette • frisch gemahlener Pfeffer

ZUBEREITUNG: Eigelb mit Limettensaft, Salz und Pfeffer kräftig zu einer cremigen Masse schlagen. Im Wasserbad heiß werden lassen und unter ständigem Rühren eindicken lassen. Flüssige, noch warme Butter langsam zugießen und unterschlagen. Limette heiß abwaschen, abtrocknen, 1–2 TL von der Schale abreiben. Unter die Sauce rühren und mit Pfeffer abschmecken.

Walnuss-Hollandaise

Zutaten: 4 EL Wasser • 14 Walnusskerne • 4 Pfefferkörner • 1 Lorbeerblatt • 3 Eigelb • 180 g Butter • Salz • frisch gemahlener Pfeffer • 4 EL Himbeeressig

Zubereitung: Das Wasser zum Kochen bringen. 4 Walnusskerne fein hacken und mit zerdrückten Pfefferkörnern und Lorbeerblatt 2 Min. im Wasser sieden lassen. Das gewürzte Wasser durch ein Sieb in eine Schüssel gießen. Eigelbe hinzufügen und über dem Wasserbad cremig aufschlagen. Die Butter bei milder Hitze verflüssigen und in dünnem Strahl zur Eigelbmasse gießen und weiter rühren, bis die Sauce cremig ist. Die restlichen Walnusskerne mittelfein hacken und unter die Sauce rühren. Mit Salz, Pfeffer und Himbeeressig pikant abschmecken.

Tipp

Diese kernige Sauce passt besonders gut zu einer frühlingsfrischen Gemüseplatte mit Spargel, jungen Möhren, Zuckerschoten, Frühlingszwiebeln, Staudensellerie, Brokkoli und pochierten Eiern.

Rote Hollandaise mit Thymian

Zutaten: 150 g Butter • 3 EL Tomatenmark • 1 EL frische Thymianblättchen • 3 Eigelb • 4 EL Rotwein • Salz • Cayennepfeffer • Zucker

Zubereitung: Die Butter bei milder Hitze zerlassen und das zimmerwarme Tomatenmark mit dem Schneebesen einrühren. Mit den Thymianblättchen mischen. Die Eigelbe mit Rotwein in einer Schüssel über dem Wasserbad cremig aufschlagen. Die flüssige Tomatenbutter langsam in dünnem Strahl dazugießen und weiter rühren. Die Sauce mit Salz, Cayennepfeffer und Zucker pikant abschmecken.

Hummer-Hollandaise

Tipp

Die Hummer-Hollandaise passt gut zu gegrilltem oder gedünstetem Fisch und Meeresfrüchten.

Zutaten: 400 ml Hummerfond • 1 TL Pfefferkörner • 1 Lorbeerblatt • 1 Stück Limettenschale • 3 Eigelb • 180 g Butter • Salz • frisch gemahlener Pfeffer • 1 EL gehackter Dill • 3–4 EL Limettensaft

Zubereitung: Den Hummerfond mit den Gewürzen bei großer Hitze bis auf etwa 4 EL einkochen, durch ein Sieb in eine Schüssel gießen. Die Eigelbe hinzufügen und die Masse über dem Wasserbad cremig aufschlagen.

Mousselinesauce

ZUTATEN: 1 Portion Sauce Hollandaise (S. 16) • 100 g Sahne • etwas edelsüßes Paprikapulver

ZUBEREITUNG: Die Sahne mit etwas Paprikapulver steif schlagen und unter die lauwarme Sauce Hollandaise heben. Die Sauce sofort servieren.

TIPP

Die feine Mousselinesauce schmeckt besonders gut zu weißem und grünem Spargel und Blumenkohl.

Béchamelsauce

ZUTATEN: 40 g Butter • 35 g Mehl • 1 l Milch • 1 Lorbeerblatt • 5 Pfefferkörner • 2 Stängel Thymian • Salz • frisch gemahlener weißer Pfeffer • frisch geriebene Muskatnuss • 1 Eigelb, nach Belieben

ZUBEREITUNG: Die Butter zerlassen, das Mehl einrühren und hell rösten. Die Milch nach und nach in die Einbrenne gießen und glatt rühren. Lorbeerblatt, zerdrückte Pfefferkörner und Thymianstängel hinzufügen und die Sauce bei milder Hitze 10 Min. im geschlossenen Topf köcheln lassen. Die Sauce durch ein Sieb gießen und mit Salz, Pfeffer und Muskat würzen. Das Eigelb zum Schluss mit der nicht mehr kochenden Sauce mischen.

TIPP

Für eine besonders würzige Béchamelsauce werden 50 g Schinkenspeck und 1 gehackte Zwiebel in der Butter angeschwitzt. Mehl darin rösten, Milch und Gewürze hinzufügen und nach dem Kochen durch ein Sieb streichen.

Sahnige Schnittlauchsauce

TIPP

Diese samtweiche Sauce kann auch mit Dill, Kerbel, Petersilie oder mit einer Mischung aus verschiedenen Kräutern hergestellt werden.

ZUTATEN: 2 TL Senfkörner • 500 g Sahne • 125 g kalte Butter • Salz • frisch gemahlener weißer Pfeffer • 2 EL Zitronensaft • 1–2 Bund Schnittlauch

ZUBEREITUNG: Die Hälfte der Senfkörner zerdrücken und mit 5 EL Wasser etwa 5 Min. kochen. Den Sud durch ein Sieb gießen. Die restlichen Senfkörner mit dem Sud und 400 g Sahne in etwa 15 Min. leicht cremig einkochen. Die kalte Butter in kleinen Flöckchen nach und nach unter die Sauce rühren. Mit Salz, Pfeffer und Zitronensaft abschmecken. Den Schnittlauch in Röllchen schneiden und mit der Sauce verrühren. Die restliche Sahne halb steif schlagen und unter die Sauce heben.

Estragonsauce

ZUTATEN: 2 Eier • Saft von 1 Zitrone • 400 g Sahne • 4 TL Senf, mittelscharf • 4 EL Estragonessig • 2 Bund Estragon • Olivenöl • Salz • frisch gemahlener Pfeffer

ZUBEREITUNG: Eier, Zitronensaft, Sahne, Senf und Estragonessig mit dem Pürierstab verrühren. Fein gehackten Estragon unterheben, mit Olivenöl, Salz und Pfeffer abschmecken. Optisch und geschmacklich kann diese Sauce variiert werden, indem man vor dem Anrichten noch 2–3 geschälte und gewürfelte Tomaten unter die Sauce mischt.

TIPP

Frisch aufgeschlagene, schaumige Saucen sollten sofort angerichtet werden, weil sie schnell ihre Luftigkeit verlieren.

Sabayon mit Basilikum

ZUTATEN: 1 Knoblauchzehe • 3 Eigelb • 200 ml trockener Weißwein • 1 EL Zitronensaft • 1/2 TL Speisestärke • 1 EL weißer Portwein • 1 EL Tomatenpüree • Salz • frisch gemahlener weißer Pfeffer • 4 EL gehacktes Basilikum

ZUBEREITUNG: Die Knoblauchzehe schälen und die Schüssel damit einreiben. Eigelbe, Weißwein, Zitronensaft und Speisestärke in der Schüssel glatt rühren. Portwein mit Tomatenpüree mischen und zum Wein geben. Alles über dem Wasserbad cremig aufschlagen. Die Sauce mit Salz und Pfeffer abschmecken und zum Schluss das Basilikum unterrühren.

Kräutersauce

ZUTATEN: 1 TL Senf • 125 g Jogurt • 1 EL Zitronensaft • Salz • frisch gemahlener Pfeffer • 2 EL gehackte Kräuter (Petersilie, Schnittlauch, Kerbel, Dill, Koriandergrün) • 100 g Sahne

ZUBEREITUNG: Senf, Jogurt und Zitronensaft zu einer glatten Sauce verrühren, mit Salz und Pfeffer abschmecken, Kräuter unterheben. Die Sahne steif schlagen und unter die Kräutersauce ziehen. Die Kräuter können natürlich ganz nach dem eigenen Geschmack oder entsprechend dem, was im Kräutergarten wächst, variiert werden.

Jogurt-Kräuter-Sauce

ZUTATEN: 6 EL frische Kräuter • 2 kleine Schalotten • 2 Knoblauchzehen • 3 Becher Vollmilchjogurt • 2 EL Olivenöl • 2 EL Balsamessig • Salz • frisch gemahlener Pfeffer

ZUBEREITUNG: Kräuter waschen, trockentupfen und fein hacken. Schalotten schälen, fein würfeln, Knoblauch schälen und durchpressen. Alles mischen, mit den restlichen Zutaten zu einer glatten Sauce verrühren und mit Salz und Pfeffer abschmecken. Je nach Geschmack können Sie bei dieser herrlich frischen Sauce auch auf den Knoblauch verzichten.

Tomaten-Basilikum-Sauce

Zutaten: 6 Tomaten • 2 Bund Basilikum • 3 Schalotten • 3 TL Butter • 6 TL Sherry- oder Weißweinessig • 60 ml Öl • 375 ml Weißwein • 3 EL Zitronensaft • Salz • frisch gemahlener Pfeffer

Zubereitung: Tomaten waschen, halbieren, Stielansätze entfernen, Fruchtfleisch fein würfeln. Basilikum waschen, trockentupfen, Basilikumblättchen in feine Streifen schneiden. Schalotten schälen, fein würfeln, in Butter andünsten, mit Essig, Öl, Weißwein und Zitronensaft aufgießen. Flüssigkeit auf zwei Drittel einkochen. Tomaten und Basilikum unter die Sauce heben, mit Salz und Pfeffer abschmecken. Die Tomaten-Basilikum-Sauce kann warm oder auch kalt zu Spargel serviert werden.

Sahne-Meerrettich

Tipp

Sahne-Meerrettich gehört zum Tafelspitz, schmeckt aber auch zu Karpfen und anderen gekochten Süßwasserfischen.

Zutaten: 200 g Sahne • 1 Stück Meerrettich • Salz • Zucker • 1 TL Zitronensaft

Zubereitung: Die gekühlte Sahne in einem hohen Gefäß steif schlagen. Den frischen Meerrettich schälen, fein reiben und unter die Sahne ziehen. Den Sahne-Meerrettich mit Salz, Zucker und Zitronensaft abschmekken.

Apfel-Meerrettich

Tipp

Frisch geriebener Meerrettich schmeckt am besten, aber auch geriebener aus dem Glas kann für Meerrettichzubereitungen verwendet werden. Wer's nicht so scharf mag, nimmt etwas weniger.

Zutaten: 2 säuerliche Äpfel • 1 TL Honig • 4 EL Meerrettich • etwas Worcestershiresauce • Salz

Zubereitung: Die Äpfel vierteln, schälen und entkernen. Die Äpfel in kleine Würfel schneiden. In wenig Wasser weich kochen. Die gekochten Äpfel mit dem Schneebesen kräftig verrühren und abkühlen lassen. Honig und Meerrettich einrühren und mit Worcestershiresauce und etwas Salz abschmecken.

Barbecuesauce

Zutaten: 5 EL scharfer Senf (am besten Dijon-Senf) • 5 EL trockener Weißwein • 5 EL milder Honig (z. B. Lindenblütenhonig) • 3 EL Sojasauce • 2 EL Sonnenblumenöl • 5 EL Tomatenketschup • Salz • frisch gemahlener schwarzer Pfeffer • etwas Tabasco oder Chili-Öl

Zubereitung: Senf, Wein, Honig, Sojasauce, Sommenblumenöl und Ketschup in einen Topf geben, verrühren und bei mittlerer Hitze etwa 5 Min. köcheln lassen. Mit Salz, Pfeffer und Tabasco oder Chili-Öl abschmecken und abkühlen lassen.

Tipp

Die Barbecuesauce eignet sich zum Bestreichen von Steaks, Spareribs und Chickenwings. Sie passt aber auch zu fertig gegrilltem Fleisch. Wer's mag, mischt etwas frischen Knoblauch unter die fertige Sauce.

Englische Minzsauce

Zutaten: 5 EL fein gehackte frische Minze • 5 EL guter Weißweinessig • 2 TL Zucker

Zubereitung: Minzeblätter in eine kleine Schüssel geben und mit wenig heißem Wasser übergießen. Abkühlen lassen, Essig und Zucker unterrühren. Vor dem Servieren einige Std. abgedeckt ziehen lassen.

Tipp

Die Minzsauce ist besonders in Großbritannien beliebt und wird gern zu Lammfleisch gereicht.

Sabayon

TIPP

Wer auf Alkohol verzichten möchte, nimmt für diese schaumige Sauce die entsprechende Menge Gemüse- oder Fleischbrühe.

ZUTATEN: 4 Eigelb • 250 ml trockener Weißwein • 1 TL Zitronensaft • 1 EL trockener Wermut • 1/2 TL Speisestärke • Salz • frisch gemahlener weißer Pfeffer • 1 EL gehackter Estragon • 1 EL gehackte Petersilie

ZUBEREITUNG: Die Eigelbe in der Schüssel mit Wermut, Zitronensaft und Speisestärke glatt rühren, Weißwein unter ständigem Rühren schluckweise zugießen. Über dem Wasserbad cremig aufschlagen. Die Sauce mit Salz und Pfeffer abschmecken. Zum Schluss die Kräuter unterheben.

Käse-Sahne-Sauce

ZUTATEN: 500 g Sahne • 500 g junger Gouda • Salz • frisch gemahlener weißer Pfeffer • 1 Bund Basilikum • 4 Tomaten oder 2 reife Pfirsiche

TIPP

Diese schnell zubereitete Sauce passt vorzüglich zu Pasta, aber auch zu einer Gemüseplatte.

ZUBEREITUNG: Die Sahne zum Kochen bringen. Den Käse fein reiben. Den Käse nach und nach in die heiße, aber nicht kochende Sahne geben. Die Sauce so lange rühren, bis sie cremig geworden ist. Die Käse-Sahne-Sauce mit Salz und Pfeffer abschmecken. Basilikumblätter von den Stielen zupfen und fein hacken. Mit der Sauce mischen. Nach Belieben die Tomaten oder Pfirsiche häuten, entkernen und klein schneiden. Zum Schluss mit der Sauce mischen.

Käsesauce

ZUTATEN: 1 Päckchen helle Sauce für 250 ml Milch • 200 g Sahneschmelzkäse • 150 g Crème fraîche • Salz • frisch gemahlener Pfeffer • 1 EL Zitronensaft • abgeriebene Schale von 1 unbehandelten Zitrone • 5 EL geriebener Parmesan • etwas gehackte Petersilie

ZUBEREITUNG: Das Saucenpulver in die Flüssigkeit einrühren und aufkochen. Schmelzkäse darin zerlassen und verrühren, Crème fraîche unterheben, mit Salz, Pfeffer und Zitronensaft abschmecken. Die Zitronenschale mit Parmesan und Petersilie mischen. Vor dem Anrichten über die Sauce streuen.

TIPP

Diese Sauce wird leichter und passt besonders gut zu gekochtem Spargel, wenn statt der Milch Spargelkochwasser für die Zubereitung verwendet wird.

Oliven-Ei-Sauce

ZUTATEN: 2 hart gekochte Eier • 2 EL schwarze Oliven, entsteint • 1 EL frische Kräuter • 1 TL Kapern • 1 Sardellenfilet • 6 EL Olivenöl • 3 EL Weißweinessig • frisch gemahlener weißer Pfeffer • Salz

ZUBEREITUNG: Eier pellen, Eiweiß und Eigelb trennen und getrennt fein hacken. Oliven, Kräuter, Kapern und Sardellenfilet sehr fein hacken, mit Öl und Essig verrühren, Eiweiß und Eidotter unterheben, mit Pfeffer und Salz abschmecken.

Früchtesauce mit Senf

TIPP

Diese fruchtige Sauce schmeckt warm oder kalt gleichermaßen gut. Sie passt zu gegrilltem Fleisch, zu Geflügel und zum Fleischfondue.

ZUTATEN: 1 unbehandelte Orange • 1 Apfel • 1 EL Butter • Salz • frisch gemahlener Pfeffer • 1 TL Honig • 5 EL Preiselbeerkompott • 1 EL Dijon-Senf • 2 EL geriebener Meerrettich • 1 EL Zitronensaft

ZUBEREITUNG: Die Orange heiß waschen, trockenreiben und die Schale abreiben. Apfel und Orange schälen und fein würfeln. In der heißen Butter weich schmoren. Sauce mit Salz, Pfeffer, Honig, Preiselbeerkompott, Senf, Meerrettich, Orangenschale und Zitronensaft mischen.

Tunfischsauce

ZUTATEN: 2 Schalotten • 1 EL Olivenöl • 6 Sardellen • 1 1/2 EL Kapern • Salz • Zucker • frisch gemahlener weißer Pfeffer • 2 Dosen Tunfisch in Öl • 4 EL Majonäse (S. 48) • 50 g Sahne • 50 ml trockener Weißwein • 1 Zitrone zum Garnieren • 1 EL gehackte Petersilie

ZUBEREITUNG: Die Schalotten schälen, fein hacken und in Olivenöl glasig andünsten, Sardellen und Kapern dazugeben, mit Salz, Zucker und Pfeffer würzen und abkühlen lassen. Tunfischstücke über einem Sieb abtropfen lassen und mit Majonäse, Sahne, Weißwein, abgekühlter Zwiebelmasse vermengen und mit dem Mixstab fein pürieren. Die Sauce noch einmal mit Salz, Zucker und Pfeffer abschmecken. Mit Petersilie verfeinern.

TIPP

Diese Sauce gehört zu *Vitello tonnato*, Kalbfleisch in Tunfischsauce. Das gekochte Fleisch wird in dünne Scheiben geschnitten, mit der Sauce bedeckt und muss 24 Std. durchziehen. Mit Zitronenscheiben, Petersilie und schwarzen Oliven garnieren.

Walnuss-Honig-Sauce

Zutaten: 80 g gemischte Senffrüchte, in kleine Würfel geschnitten • 80 g gehackte Walnüsse • 80 g gehackte Mandeln • 2 EL Honig • 2 EL geriebenes Weißbrot • 3 EL Senffruchtfond • Salz • frisch gemahlener schwarzer Pfeffer

Zubereitung: Klein geschnittene Früchte mit Walnüssen, Mandeln, Honig und geriebenem Weißbrot mischen. Senffruchtfond einrühren und mit Salz und Pfeffer würzen.

Tipp

Eine reizvolle Kombination aus Schärfe und Süße, die gut zu Kasseler und gekochtem Schinken schmeckt.

Spinatsauce

Tipp

Eine vitaminreiche Sauce, die besonders gut zu neuen Kartoffeln, pochierten Eiern oder einem Omelett schmeckt.

Zutaten: 200 g tiefgekühlter Rahmspinat • 2 Zwiebeln • 2 EL Butter • 200 g Crème fraîche • Salz • frisch gemahlener Pfeffer • frisch gemahlene Muskatnuss

Zubereitung: Den Spinat auftauen, Zwiebeln schälen und fein würfeln. Die Butter zerlassen und die Zwiebeln darin glasig dünsten. Den Spinat zugeben und erhitzen. Crème fraîche unterheben, mit Salz, Pfeffer und Muskatnuss abschmecken.

Avocadosauce

ZUTATEN: 1 Päckchen Sauce Hollandaise (250 ml) • 2 Avocados • Saft von 1 Zitrone • 1 Prise Zucker • frisch gemahlener Pfeffer

ZUBEREITUNG: Die Sauce Hollandaise aufkochen. Die Avocados halbieren, Kerne entfernen, Fruchtfleisch mit einem Löffel aus der Schale nehmen, pürieren, Zitronensaft unterziehen. Avocadopüree in die Sauce Hollandaise rühren, mit Zucker und Pfeffer abschmecken.

TIPP

Diese cremige Sauce sollte nicht zu lange stehen, weil sie ihre appetitliche grüne Farbe schnell verliert.

Mandel-Knoblauch-Sauce

ZUTATEN: 1 Knoblauchknolle • 4 Scheiben Weißbrot ohne Rinde • 1 unbehandelte Zitrone • 60 g gemahlene Mandeln • 5 EL Olivenöl • grobes Salz • Pfeffer

ZUBEREITUNG: Knoblauchknolle in Zehen zerteilen, häuten, grob hacken und zusammen mit Salz im Mörser zerstoßen. Zitronenschale abreiben, Saft auspressen, Brot zerzupfen. Brot, Mandeln und Zitronensaft zum Knoblauch in den Mörser geben, alles zu einer Paste verarbeiten. Mit Pfeffer und etwas Zitronenschale würzen, Öl tropfenweise unterschlagen, bis eine dickliche Sauce entsteht.

Weißweinsauce

ZUTATEN: 50 ml trockener Weißwein • 2 EL scharfer Senf • 6 EL Majonäse • Salz • Cayennepfeffer

ZUBEREITUNG: Wein, Senf und Majonäse zu einer glatten Sauce verrühren, mit Salz und Cayennepfeffer abschmecken.

TIPP

Diese schnelle Sauce erhält durch Estragonsenf oder provenzalischen Senf einen aufregend guten Geschmack.

Knoblauchsauce

ZUTATEN: 100 g Weißbrot • 125 ml Gemüsebrühe • 1 Eigelb • Salz • frisch gemahlener schwarzer Pfeffer • 2–4 Knoblauchzehen • 125 ml Olivenöl • 1 EL gehackte Petersilie

ZUBEREITUNG: Das Weißbrot in Scheiben schneiden, entrinden und in der Gemüsebrühe einweichen. Mit Eigelb, Salz und Pfeffer im Mixer pürieren. Knoblauchzehen schälen, grob hacken und mit dem Olivenöl nach und nach in den Mixer geben. Alles sämig pürieren. Die Sauce in eine Schüssel füllen und kurz vor dem Servieren mit Petersilie bestreuen.

TIPP

Eine Knoblauchsauce passt eigentlich zu allem Gegrillten, egal ob Fleisch, Fisch oder Gemüse. Sie eignet sich auch hervorragend als Aufstrich für auf dem Grill geröstetes Brot. Bedenken Sie aber Ihre Termine am nächsten Tag!

Sauce Béarnaise

ZUTATEN: 100 ml Weißwein • 3 EL Estragonessig • 1 Schalotte, in kleine Würfel geschnitten • 1 TL frischer Estragon, grob gehackt • 3 Pfefferkörner, grob gestoßen • 4 Eigelb • 180 g flüssige Butter • Salz • Cayennepfeffer • 1 TL fein gehackter Estragon • 1 TL fein gehackter Kerbel

> TIPP
>
> Eine Variante ist die Sauce Choron, abgeschmeckt mit Tomatenmark und gehackten Kräutern.

ZUBEREITUNG: Weißwein mit Essig, Schalottenwürfeln, Estragon und Pfefferkörnern erhitzen und 2 Min. offen köcheln lassen. Durch ein Sieb passieren und abkühlen lassen. Die Eigelbe mit der Weißweinreduktion in einer Schüssel über dem Wasserbad schaumig schlagen. Aus dem Wasserbad nehmen und die zerlassene Butter mit einem Schneebesen vorsichtig unterschlagen. Mit Salz, Cayennepfeffer und den frischen Kräutern würzen.

Speck-Kräuter-Sauce

ZUTATEN: 4 Frühlingszwiebeln • 2 EL Butter • 125 g Frühstücksspeck (Bacon) • 1 Salzgurke • 1 grüne Chilischote • 1 Tasse gemischte, gehackte Kräuter • 150 g Crème fraîche • Salz • Zucker • 4 EL geschlagene Sahne

ZUBEREITUNG: Die Frühlingszwiebeln putzen und klein schneiden. In der heißen Butter weich schmoren. Den Speck sehr fein würfeln und knusprig braten. Die Gurke fein raspeln. Die Chilischote fein hacken. Alle zerkleinerten Zutaten mit den Kräutern und der Crème fraîche verrühren und erhitzen. Mit Salz und Zucker abschmecken. Zum Schluss die Sahne unterheben.

Speckstippe

ZUTATEN: 400 g durchwachsener Speck • 1 TL getrockneter Majoran • 2 Tomaten • 100 ml Fleischbrühe • 2 EL Schnittlauchröllchen

TIPP

Diese rustikale Sauce schmeckt besonders gut zu Stampfkartoffeln.

ZUBEREITUNG: Den Speck sehr fein würfeln und bei mittlerer Hitze auslassen. Den Majoran einrühren. Die Tomaten häuten, entkernen und fein würfeln. Mit der Fleischbrühe und dem Schnittlauch zur Sauce geben und heiß servieren.

Eier-Senf-Sauce

ZUTATEN: 4 EL flüssige Butter • 6 EL Olivenöl • 8 EL Gemüsebrühe • 2 EL Dijon-Senf • 1 EL süßer Senf • 4 EL Mixed Pickles • 2 hart gekochte Eier • Salz • frisch gemahlener Pfeffer • 2 EL gehackter Dill

ZUBEREITUNG: Die Butter mit Öl, Brühe und den beiden Senfsorten glatt rühren. Die Mixed Pickles sehr fein hacken. Die Eier pellen und ebenfalls fein hacken. Mixed Pickles und Eier unter die Sauce rühren. Mit Salz und Pfeffer abschmecken und den Dill unterziehen. Die Sauce zimmerwarm anrichten.

Paprika-Jogurt-Sauce

ZUTATEN: 1 rote Paprikaschote • 250 ml Gemüsebrühe • 100 g Sahne • 3 TL Speisestärke • 1 EL edelsüßes Paprikapulver • 150 g Sahnejogurt • Salz • Honig • Cayennepfeffer

ZUBEREITUNG: Die Paprikaschote mit einem Sparschäler schälen und putzen. Etwa ein Viertel der Paprikaschote sehr fein würfeln. Den Rest in der Brühe weich kochen und pürieren. Die Sahne mit der Speisestärke und dem Paprikapulver verrühren und in die heiße Brühe gießen. Einmal aufkochen lassen. Die rohen Paprikawürfel und den Jogurt einrühren, aber nicht mehr kochen lassen. Die Sauce mit Salz, Honig und Cayennepfeffer abschmecken.

Champignonsauce

Tipp

Rosa Champignons, so genannte Egerlinge, sind aromatischer als weiße Champignons.

Zutaten: 1 Zwiebel • 1 Knoblauchzehe • 150 g Champignons • 4 EL Butter • 1 EL Mehl • 250 ml Fleischbrühe • 2 EL Sahne • Salz • frisch gemahlener weißer Pfeffer • frisch gemahlene Muskatnuss • etwas Zitronensaft • 2 EL gehackte Petersilie

Zubereitung: Zwiebel und Knoblauch schälen und fein hacken. Pilze putzen und klein schneiden. Zwiebel, Knoblauch und Pilze in 2 EL heißer Butter 5 Min. dünsten, mit dem Mixstab grob pürieren. Die restliche Butter zerlassen, das Mehl einrühren und kurz rösten. Nach und nach die Fleischbrühe angießen und im geschlossenen Topf 10 Min. leise köcheln lassen. Pilze und Sahne einrühren und mit den Gewürzen pikant abschmecken.

Sauce Chantilly

Tipp

Diese sahnige Sauce passt zu Meeresfrüchten und hellem, gegrilltem Fleisch und zum Fleischfondue.

Zutaten: 2 EL Majonäse • 1 TL Tomatenmark • 1 EL trockener Sherry • 1 TL Zitronensaft • 1 TL Dijon-Senf • Salz • Cayennepfeffer • Zucker • 100 g geschlagene Sahne

Zubereitung: Die Majonäse mit Tomatenmark, Sherry, Zitronensaft und Senf verrühren. Mit Salz, Cayennepfeffer und Zucker pikant abschmecken. Zum Schluss die Sahne unterheben.

Orangensauce

Zutaten: 3 unbehandelte Orangen • 1 unbehandelte Zitrone • 1 rote Zwiebel • 1 Stängel Rosmarin • 100 ml halbtrockener Weißwein • 1 TL Speisestärke • 1 EL Ingwerkonfitüre

Zubereitung: Von 1 Orange und der Zitrone mit einem Zestenreißer Schalenstreifen abziehen. Alle Früchte auspressen. Zwiebeln in feinste Würfel schneiden. Den Zitrussaft mit Rosmarin und Weißwein um gut die Hälfte einkochen. Mit Zitruszesten und Zwiebeln weitere 5 Min. köcheln lassen. Die Speisestärke mit etwas Wasser glatt rühren, in den Fond gießen und einmal aufkochen lassen. Die Ingwerkonfitüre einrühren.

Zitronensauce

Zutaten: 1 Zwiebel • 1 Knoblauchzehe • 2 EL Butter • 250 ml Hühnerbrühe • 3 TL heller Saucenbinder • 250 g Mascarpone • 1 unbehandelte Zitrone • Salz • Cayennepfeffer • Zucker

Zubereitung: Zwiebel und Knoblauch schälen und klein schneiden, in Butter anschwitzen. Die Brühe angießen und den Saucenbinder einstreuen. Kurz kochen lassen. Marcarpone in die heiße, nicht mehr kochende Sauce rühren. Saft und Schale der Zitrone zur Sauce geben und mit Salz, Cayennepfeffer und Zucker abschmecken.

Tipp

Zitrussaucen harmonieren gut mit gebratener Geflügel- oder Kalbsleber und Reis.

Tomatensugo

Zutaten: 1 Bund Suppengrün • 2 Stangen Sellerie • 2 Zwiebeln • 3 Knoblauchzehen • 4 EL Olivenöl • 3 EL Tomatenmark • 1 große Dose geschälte Tomaten • 2 Lorbeerblätter • 2 Stängel Thymian • 1 Stängel Rosmarin • 1 rote Chilischote • Salz • frisch gemahlener Pfeffer • Zucker • 4 Tomaten

Zubereitung: Suppengrün und Sellerie putzen, Zwiebeln und Knoblauch schälen, alles gleichmäßig klein schneiden. Das Öl erhitzen und alles darin kurz anschwitzen. Tomatenmark einrühren und kurz rösten. Die Tomaten und Lorbeerblätter hinzufügen und offen 15 Min. köcheln lassen. Kräuterstängel und klein gehackte Chilischote einrühren und weitere 15 Min. köcheln lassen. Mit Salz, Pfeffer und Zucker abschmecken. Die Tomaten häuten, entkernen und klein würfeln. Zum Schluss mit dem Sugo verrühren und die festen Gewürze entfernen.

Tomatensauce

Zutaten: 1 Knoblauchzehe • 2 EL Olivenöl • 1 EL Butter • 750 g Tomaten • 2 EL Tomatenmark • 2 EL Tomatenketschup • 1 TL getrockneter Oregano • Salz • frisch gemahlener Pfeffer • Zucker

ZUBEREITUNG: Knoblauch schälen und fein hacken. Öl und Butter erhitzen, Knoblauch einrühren. Tomaten waschen, vierteln, den Stielansatz wegschneiden. Mit Tomatenmark und Ketschup zum Knoblauch geben und 10 Min. köcheln, dann durch ein Sieb streichen. Mit Oregano, Salz, Pfeffer und Zucker würzen und noch einmal 5 Min. offen köcheln lassen.

Bologneser Fleischsauce

ZUTATEN: 1 Bund Suppengrün • 2 Knoblauchzehen • 100 g Parmaschinken • 6 EL Olivenöl • 500 g gemischtes Hackfleisch • 150 ml Rotwein • 1 Lorbeerblatt • 2 Gewürznelken • 1 Stängel Thymian • 2 Dosen Pizzatomaten • 2 EL Tomatenmark • Salz • frisch gemahlener Pfeffer • Zucker • 4 EL gehackte Petersilie

ZUBEREITUNG: Das Suppengrün putzen, Knoblauch schälen, beides sowie den Schinken klein schneiden. 4 EL Olivenöl erhitzen und alles darin kurz anschwitzen. Das Hackfleisch dazugeben und krümelig braten. Rotwein angießen, Lorbeerblatt, Nelken, Thymian und Tomaten und Tomatenmark einrühren. Die Sauce offen 30 Min. köcheln lassen. Die festen Gewürze entfernen und alles mit Salz, Pfeffer und Zucker abschmecken, noch einmal 10 Min. offen köcheln lassen. Die Petersilie und das restliche Olivenöl einrühren.

TIPP

Von dieser beliebten italienischen Nudelsauce, *Ragú di carne*, gibt es zahlreiche Varianten: Ohne Tomaten, mit Kapern, mit Kalbhackfleisch, mit Sahne.

Pesto

> TIPP
>
> Diese beliebte Pastasauce immer frisch zubereiten, sie verliert schnell ihr appetitliches Aussehen und den frischen Geschmack. Für eine dünnere Sauce nach Belieben rund 200 ml Pastakochwasser mit dem Pesto mischen und zu Nudeln reichen.

ZUTATEN: 2–3 Knoblauchzehen • 4 EL Pinienkerne • 60 frische Basilikumblätter • 5 EL geriebener Parmesan oder Pecorino • 125–150 ml Olivenöl • Salz

ZUBEREITUNG: Den Knoblauch schälen und klein schneiden. Die Pinienkerne grob hacken. Die Basilikumblätter mit der Küchenschere grob zerschneiden. Alle Zutaten im Mörser zu einer Paste verreiben. Den Käse dazugeben und das Öl in dünnem Strahl dazugießen und alles zu einer glatten, cremigen Sauce verarbeiten. Schneller geht's natürlich mit dem Mixstab oder im Mixer. Das Pesto nach Belieben mit Salz abschmecken.

Bagnet Rosso

ZUTATEN: : 1 Schalotte • 2 Knoblauchzehen • 1 gekochte Möhre • 1/2 gelbe, geschälte Paprikaschote • 2 geschälte und entkernte Tomaten • 1 Salzgurke • 1 rote Chilischote • 1 EL kleine Kapern • 1 EL Sardellenpaste • 1 TL grober Senf • 1–2 EL Paniermehl • 125 ml Olivenöl • Weißweinessig • Salz • frisch gemahlener Pfeffer • Zucker • 2 EL gehackte Petersilie

ZUBEREITUNG: Die Schalotte und den Knoblauch schälen. Beides mit Möhre, Paprika, Tomate, Salzgurke und Chilischote in kleinste Würfel schneiden. Mit den Kapern mischen. Sardellenpaste mit Senf und etwas Paniermehl sowie dem Öl verrühren. Mit dem Gemüse mischen und mit Essig, Salz, Pfeffer und Zucker abschmecken. Nach Bedarf noch etwas Paniermehl dazugeben und die Petersilie unterrühren.

Cumberlandsauce

ZUTATEN: 1 Schalotte • 100 ml kräftiger Rotwein • 100 ml Portwein • 1 Lorbeerblatt • 10 Pfefferkörner • 1 unbehandelte Orange • 4 EL rotes Johannisbeergelee • etwas Worcestershiresauce • 3–4 EL Rotweinessig

ZUBEREITUNG: Die Schalotte schälen und fein würfeln. Mit Rotwein und Portwein zum Kochen bringen. Lorbeerblatt und zerdrückte Pfefferkörner hinzufügen und um gut die Hälfte einkochen. Die Orange heiß waschen und trockenreiben. Die Schale mit einem Zestenreißer in feinen Streifen abziehen. Die Frucht auspressen. Den reduzierten Fond und den Orangensaft durch ein Sieb gießen. Das Johannisbeergelee, etwa 1 TL Worcestershiresauce, den Essig und die Orangenzesten hinzufügen und bei mittlerer Hitze 15–20 Min. offen einkochen lassen.

TIPP

Diese kalte, herbsüße Sauce passt vorzüglich zu Fleisch- und Wildpasteten, aber auch zu kurz gebratenem Wild, Kalbfleisch und Geflügel und natürlich zum Fleischfondue.

Teufelssauce

Tipp

Statt Pancetta kann auch die gleiche Menge luftgetrockneter Speck, beispielsweise Tiroler Bauernspeck, verwendet werden.

Zutaten: 75 g Pancetta • 4 EL Olivenöl • 1 Bund Frühlingszwiebeln • 3 Knoblauchzehen • 750 g Tomaten • 1 rote Paprikaschote • 2 rote Chilischoten • etwas Tomatensaft • 2 EL Kikkoman Sojasauce • 1 EL Balsamessig • 1 TL Honig • Salz • frisch gemahlener Pfeffer • 5 große Basilikumblätter

Zubereitung: Pancetta fein würfeln und in heißem Öl kurz anschwitzen. Frühlingszwiebeln putzen, Knoblauch schälen, beides sehr klein schneiden und mit dem Speck kurz braten. Tomaten häuten, entkernen und grob würfeln. Zu den Zwiebeln geben und einige Min. garen.

Inzwischen Paprika schälen und fein würfeln. Chilischoten mit oder ohne Kerne klein schneiden. Paprika, Chili, etwas Tomatensaft und Sojasauce einrühren und alles einmal aufkochen. Mit Balsamessig, Honig, Salz und Pfeffer abschmecken. Die Basilikumblätter in Streifen schneiden und über die abgekühlte Sauce streuen.

Spargelsauce

Zutaten: 500 g Bruchspargel • Salz • Zucker • 250 ml Weißwein • 1 unbehandelte Zitrone • 3 Eigelb • 2 EL Sojasauce • 1 Messerspitze frisch geriebener Ingwer • 200 g flüssige Butter • Salz • frisch gemahlener weißer Pfeffer

ZUBEREITUNG: Spargel schälen und in kleine Stücke schneiden. Etwas Salz und Zucker mit dem Wein mischen und den Spargel darin sehr weich kochen. 3 EL Kochwasser abnehmen. Die Brühe abgießen und den Spargel mit etwas Brühe pürieren. Die Zitronen heiß waschen und trocken reiben. Etwas Schale abreiben, die Frucht auspressen. Eigelbe mit den 3 EL Brühe über dem Wasserbad cremig aufschlagen. Sojasauce und Ingwer einrühren. Butter in dünnem Strahl dazugießen und weiter rühren. Zum Schluss den pürierten Spargel unterheben und evtl. noch etwas Brühe dazugeben. Mit Salz, Zucker, Pfeffer, Zitronensaft und Zitronenschale abschmecken.

Rotweinsauce

ZUTATEN: 100 g Rinderhack • 2 EL Öl • 1 Zwiebel • 1 Knoblauchzehe • 1 Bund Suppengrün • 1 EL Tomatenmark • 500 ml Rotwein • 1 Lorbeerblatt • 1 Gewürznelke • Salz • frisch gemahlener Pfeffer • 2 EL Sojasauce • 75 g kalte Butter

ZUBEREITUNG: Das Rinderhack in dem heißen Öl kräftig anbraten. Zwiebel und Knoblauch schälen, Suppengrün putzen und alles klein schneiden. Zwiebel, Knoblauch, Suppengrün und Tomatenmark mit dem Fleisch nochmals kräftig braten. Rotwein, Lorbeerblatt und Nelke dazugeben und alles 15–20 Min. offen köcheln lassen, dann durch ein Sieb gießen. Die Sauce mit Salz, Pfeffer und Sojasauce abschmecken. Die kalte Butter in Flöckchen einrühren. Sobald die Sauce gebunden ist, darf sie nicht mehr kochen.

Senfsauce für Frikadellen

ZUTATEN: 125 ml Fleischbrühe • 125 g Sahne • 3 TL Mondamin Bratenfond • 3 EL helle klassische Mehlschwitze • 2 EL grober Senf • Salz • frisch gemahlener Pfeffer

ZUBEREITUNG: Den Bratensatz mit Brühe und Sahne lösen. Den Bratenfond einrühren und einmal aufkochen. Die Sauce mit der Mehlschwitze binden und mit Senf, Salz und Pfeffer pikant abschmecken.

Jägersauce für Schnitzel

ZUTATEN: 2 EL Butter • 1 Zwiebel • 200 g Champignons • 250 ml Fleischbrühe • 50 ml Weißwein • 2 TL Mondamin Bratenfond • 2 Tomaten • 3–4 EL dunkler Fix-Saucenbinder • Salz • frisch gemahlener Pfeffer • 2 EL gehackte Petersilie

ZUBEREITUNG: Den Bratensatz mit der Butter aufschäumen. Die Zwiebel schälen und fein würfeln. Die Champignons putzen, Stiele kürzen und die Pilze in dünne Scheiben schneiden. Beides zur Butter geben und kurz anschwitzen. Brühe und Wein dazugießen, Bratenfond einrühren und einmal aufkochen. Die Tomaten häuten, entkernen und fein würfeln. Zur Sauce geben und mit dem Saucenbinder binden. Die Sauce mit Salz, Pfeffer und Petersilie würzen.

Pfeffersauce für Steaks

Zutaten: 250 ml Fleischbrühe • 2 EL eingelegte grüne Pfefferkörner • 3 TL Mondamin Bratenfond • 3 EL dunkler Fix-Saucenbinder • Salz • frisch gemahlener Pfeffer • 2 EL geschlagene Sahne

Zubereitung: Den Bratensatz mit der Brühe lösen. Die Pfefferkörner leicht zerdrücken und in die Brühe geben. Den Bratenfond einrühren und einmal aufkochen. Die Sauce mit dem Saucenbinder binden und mit Salz und Pfeffer abschmecken. Zum Schluss die Sahne unterheben.

Zwiebelsauce für Koteletts

Zutaten: 2 EL Butter • 1 TL Zucker • 250 g Zwiebeln • 125 ml Fleischbrühe • 125 ml Rotwein • 3 TL Mondamin Bratenfond • 3 EL dunkle klassische Mehlschwitze • Salz • frisch gemahlener Pfeffer

Zubereitung: Die Butter in dem Bratensatz aufschäumen, den Zucker darin schmelzen lassen. Die Zwiebeln schälen und in feine Halbringe schneiden. Zwiebeln zur Butter geben und leicht bräunen. Fleischbrühe, Rotwein und Bratenfond zu den Zwiebeln geben und einmal aufkochen. Die Sauce mit der Mehlschwitze binden und mit Salz und Pfeffer würzen.

Cremige Senfsauce

ZUTATEN: 8 EL Olivenöl • 8 EL Sahne • 8 EL flüssige Butter • 10 EL Fischbrühe • 4 EL Dijon-Senf • 1 EL süßer Senf • 1 EL körniger Senf • Salz • Zucker • 1 EL gehackter Dill

ZUBEREITUNG: Das Öl mit Sahne, Butter und Brühe erwärmen und gut mischen. Die Senfsorten einrühren und mit Salz, Zucker und Dill würzen.

TIPP

Diese schnelle, aber köstliche Senfsauce schmeckt zu Kochfisch, Meeresfrüchten und pochierten Eiern.

Frankfurter Grüne Sauce

ZUTATEN: 250 g gemischte Kräuter (Petersilie, Kresse, Sauerampfer, Pimpinelle, Schnittlauch, Kerbel) • 2 hart gekochte Eier • 1 Gewürzgurke • 200 g Jogurt • 200 g saure Sahne • 1 TL Dijon-Senf • etwas Zitronensaft • Salz • frisch gemahlener Pfeffer

ZUBEREITUNG: Die Kräuter putzen, waschen und fein hacken. Die Eier pellen und wie die Gewürzgurke fein würfeln. Jogurt, Sahne und Senf mit etwas Zitronensaft verrühren. Kräuter, Eier und Gurkenwürfel dazugeben und alles mit Salz und Pfeffer abschmecken.

TIPP

Eine vitaminreiche Ergänzung zu Kartoffeln, Kochfisch und gekochtem Rindfleisch.

Italienische Vinaigrette

ZUTATEN: 2 EL Rosinen • 2 EL Grappa • 2 EL Pinienkerne • 3 EL Balsamessig • 1 EL Zitronensaft • 8 EL Olivenöl • 1 EL kleine Kapern • 1 kleine, gehackte rote Chilischote • Salz • frisch gemahlener Pfeffer

ZUBEREITUNG: Die Rosinen einige Std. in Grappa einweichen. Pinienekerne rösten. Essig mit Zitronensaft und Öl cremig rühren. Rosinen, Pinienkerne, Kapern und Chili hinzufügen, mit Salz und Pfeffer abschmecken.

Orangen-Vinaigrette

ZUTATEN: Saft und Schale von 1 unbehandelten Orange • 6 EL Olivenöl • 3 EL Zitronensaft • 1 TL Orangenblütenhonig • Salz • rosa Pfefferkörner, zerdrückt • 1 TL frische Thymianblätter

ZUBEREITUNG: Den Orangensaft mit der Schale, Öl, Saft und Honig cremig rühren. Mit Salz würzen und einige zerdrückte Pfefferkörner und Thymianblättchen einrühren.

Majonäse

Tipp

Damit die Majonäse gelingt, müssen alle Zutaten zimmerwarm sein. Für eine leichte Version diese mit 100 g Jogurt mischen.

Zutaten: 2 Eigelb • 1 TL scharfer Senf • 1 EL Zitronensaft • 300 ml Sonnenblumenöl • Salz • frisch gemahlener weißer Pfeffer • Zucker

Zubereitung: Die Eigelbe in einer Schüssel mit Senf, und Zitronensaft gut mischen. Das Öl zunächst tropfenweise dazugeben und stets weiterrühren. Sobald die Sauce leicht cremig ist, das Öl in dünnem Strahl dazu gießen. Die fertige Majonäse mit Salz, Pfeffer und Zucker pikant abschmecken.

Remouladensauce

Zutaten: Majonäse (s. o.) • 2 EL Gewürzgurkenwürfel • 1 EL gehackte Kapern • 1 EL gehackter Kerbel oder Estragon • etwas Gewürzgurkenflüssigkeit

Zubereitung: Die Majonäse mit den restlichen Zutaten mischen und mit etwas Gurkensud verdünnen.

Sauce Tatar

Zutaten: Majonäse (s. o.) • 1 hart gekochtes Eigelb • 2 gehackte Schalotten • 2 EL gehackte Kapern • 1 EL Dijon-Senf • 1 EL gehackte Petersilie

ZUBEREITUNG: Die Majonäse mit dem durch ein Sieb gestrichenen Eigelb, Schalotten, Kapern, Senf und Petersilie verrühren.

Aioli

ZUTATEN: 1 hart gekochtes Eigelb • 4–6 Knoblauchzehen • Majonäse (S. 48)

ZUBEREITUNG: Das Eigelb mit etwas heißem Wasser und den geschälten Knoblauchzehen sehr fein pürieren und mit der Majonäse mischen.

Rouille

ZUTATEN: 1 rote, geschälte Paprikaschote • 6 EL eingelegte, gehackte Paprikaschoten • 2 rote, gehackte Chilischoten • 4 geschälte und gehackte Knoblauchzehen • 6 EL Olivenöl • 2–4 EL frisch geriebenes Weißbrot • Salz

ZUBEREITUNG: Die rohe Paprika in wenig Wasser weich kochen. Mit der eingelegten Paprika, Chili, Knoblauch und Öl im Mörser oder im Mixer eine homogene Sauce herstellen. Für eine cremige Sauce Weißbrot nach Bedarf einrühren und mit Salz abschmecken.

Tapenade

Zutaten: 200 g schwarze, entsteinte Oliven • 50 g grüne, entsteinte Oliven • 50 g Sardellenfilets • 3 EL gehackte Kapern • etwas Zitronenschale und Zitronensaft • 6–8 EL Olivenöl

Zubereitung: Aus allen Zutaten im Mörser oder im Mixer eine homogene Masse herstellen.

Tipp

Die Tapenade wird in Südfrankreich gerne auf geröstete Baguettscheiben gestrichen und zum Aperitiv gereicht.

Anchoiade

Zutaten: 100 g feine Schalottenwürfel • 1 geschälte Knoblauchzehe • 1 TL Butter • 200 g Anchovisfilets • 4 EL Olivenöl • 3–4 EL Zitronensaft • etwas Zitronenschale • 4 EL gehackte, glatte Petersilie

Zubereitung: Schalotten und Knoblauch in der heißen Butter kurz anschwitzen. Anchovisfilets trockentupfen und mit den übrigen Zutaten im Mixer zu einer homogenen Sauce verarbeiten. Mit Petersilie mischen.

Geflügelfond

ZUTATEN: 1,5 kg Geflügelkarkassen (Hühnerklein, Hühnerflügel) • 4 EL Sonnenblumenöl • 1 Bund Suppengrün • 2 Stängel Thymian • 2 Lorbeerblätter • 1 geschälte Zwiebel, gespickt mit 3 Gewürznelken • 1 Stück Zitronenschale von 1 unbehandelten Frucht • 1 TL Pfefferkörner • 250 ml Weißwein • Salz

ZUBEREITUNG: Die Karkassen waschen und in heißem Öl leicht bräunen. Mit 1 l Wasser auffüllen und zum Kochen bringen. Den aufsteigenden Schaum öfter abheben. Suppengrün putzen und grob würfeln. Mit allen Gewürzen, der Zwiebel und dem Wein nach 45 Min. in den Topf geben und weitere 30 Min. offen köcheln lassen. Die Brühe durch ein Sieb gießen und für einen kräftigen Fond um gut die Hälfte oder mehr einkochen.

TIPP

Bei einem Fond handelt es sich um eine kräftig eingekochte Brühe. Für eine Brühe, Grundlage einer Suppe oder eines Eintopfs, wird diese Flüssigkeit nur ein wenig eingekocht, um den Geschmack zu intensivieren.

Gemüsefond

TIPP

Eine Brühe erhält eine besonders schöne Farbe durch etwas Kurkuma, Safran oder Zwiebelschalen oder wenn die Schnittfläche einer halbierten Zwiebel in einer trockenen Pfanne braunschwarz gebraten und in der Brühe mitgekocht wird.

ZUTATEN: 1,5 kg Gemüse (Möhren, Sellerie, Lauch, Champignons, Tomaten, Paprika, Kohl, Spargel, Kohlrabi, Fenchel) • 3 Lorbeerblätter • 1 geschälte Zwiebel, gespickt mit 3 Gewürznelken • 2 Stängel Thymian • 1 Stängel Rosmarin • 1 Msp Safranpulver • 1 TL Pfefferkörner • 1 geschälte Knoblauchzehe • Salz

ZUBEREITUNG: Das Gemüse putzen, schälen und grob würfeln. Mit gut 1 l Wasser und allen restlichen Zutaten 60 Min. offen köcheln lassen. Die Brühe durch ein Sieb gießen und um gut die Hälfte einkochen.

Rinder- oder Kalbsfond

ZUTATEN: 1 kg Rinder- oder Kalbsknochen, klein gehackt • 4 EL Sonnenblumenöl • 2 EL Tomatenmark • 2 große Zwiebeln • 2 Möhren • 2 Lauchstangen • 2 Stangen Sellerie • 1 Petersilienwurzel • 1/2 Knolle Sellerie • 2 Knoblauchzehen • 4 Tomaten • 100 g Champignons • 3 Lorbeerblätter • 1 TL Pfefferkörner • 3 Gewürznelken • 2 Stängel Thymian • 1 Stängel Rosmarin • 1 Flasche Rotwein • Salz

ZUBEREITUNG: Die Knochen gut abspülen und in heißem Öl sehr kräftig rundherum anbraten. Tomatenmark einrühren und kurz rösten und mit 1 l Wasser auffüllen. 90 Min. im geschlossenen Topf köcheln lassen. Den aufsteigenden Schaum öfter abschöpfen. Das Gemüse putzen, schälen und grob würfeln. Das Gemüse mit allen Gewürzen und Kräutern sowie dem Wein zu den Knochen geben und offen 1 weitere Std. köcheln lassen. Die Brühe durch ein Sieb gießen und für einen kräftigen Fond um gut die Hälfte oder mehr einkochen.

TIPP

Für eine Wildbrühe oder einen Wildfond werden Wildknochen, ein sehr kräftiger Rotwein, 200 g Pilze und eine größere Menge Thymian und Rosmarin benötigt.

Fischfond

ZUTATEN: 1 kg Fischkarkassen von Weißfischen • 1 geschälte Zwiebel, gespickt mit 2 Gewürznelken • 1/2 Fenchelknolle • 2 Stängel Sellerie • 1 Möhre • 1 Stange Lauch • 1 geschälte Knoblauchzehe • 200 ml Weißwein • 2 Lorbeerblätter • 1 TL Fenchelsamen • 1 TL Pfefferkörner • 1 TL Pimentkörner • 1 TL Senfkörner • Salz

ZUBEREITUNG: Die Fischkarkassen gut abspülen und mit 1 l Wasser und der Zwiebel zum Kochen bringen. Aufsteigenden Schaum öfter abschöpfen. Das Gemüse putzen und grob würfeln. Mit dem Weißwein und allen Gewürzen in den Topf geben und offen 30 Min. köcheln lassen. Die Brühe durch ein Sieb gießen und für einen Fond kräftig einkochen und salzen.

TIPP

Fischbrühe mit den Karkassen nie länger als 30 Min. kochen, weil die Flüssigkeit trüb wird.

Buttermilchbeize für Wildfleisch

TIPP

Das Beizen – das Einlegen in einer Marinade – soll das Fleisch mürbe machen, wodurch es allerdings auch trockener wird. Zur Geschmacksverbesserung das Fleisch höchstens 24 Std. einlegen.

ZUTATEN: 1 l Buttermilch • 3 Lorbeerblätter • 3 Gewürznelken • 1 TL Pfefferkörner • 1 Bund gewürfeltes Suppengrün • 4 Stängel Thymian • 1 unbehandelte Zitrone in Scheiben

ZUBEREITUNG: Alle Zutaten mischen und über das Fleisch gießen, max. 2 Tage durchziehen lassen. Bei einer Fleischmenge, die mehr als 750 g beträgt, entsprechend mehr Buttermilch und Gewürze nehmen.

Rotweinmarinade

ZUTATEN: 1 Flasche roter Burgunder • 4 gehackte Schalotten • 2 gewürfelte Möhren • 1 TL Pfefferkörner • 5 Wacholderbeeren • 3 Gewürznelken • 2 Lorbeerblätter • 1 Stück Zitronenschale von 1 unbehandelten Frucht • 1 Stück Orangenschale von 1 unbehandelten Frucht • 1 Stängel Thymian • 1 TL Zucker • 1 TL Salz

ZUBEREITUNG: Alle Zutaten einmal aufkochen und abkühlen lassen. 1 kg Rindfleisch darin etwa 24 Std. marinieren. Die abgeseihte Marinade zum Begießen des Bratens und für die Sauce verwenden.

Rotwein-Essig-Beize

ZUTATEN: 1 Flasche Rotwein • 2 EL Surig Essig-Essenz • 3 EL Sonnenblumenöl • 2 gehackte Zwiebeln • 1 EL Koriandersamen • 2 Lorbeerblätter • 1 TL Pfefferkörner • 1 TL Wacholderbeeren • 2 Sternanis • 1 Zimtstange

ZUBEREITUNG: Rotwein, Essig und 300 ml Wasser mit allen Zutaten einmal aufkochen und abkühlen lassen. Etwa 750 g Rind- oder Wildfleisch darin 1–2 Tage marinieren. Die durchgeseihte Marinade zum Übergießen des Bratens und für die Sauce verwenden.

Weißwein-Beize

ZUTATEN: 500 ml Weißwein • 4–5 EL Essig-Essenz • 75 g Zwiebelringe • 10 zerdrückte Wacholderbeeren • 1 TL Senfkörner • 1 TL Koriandersamen • 1 TL Pfefferkörner • 2 Lorbeerblätter • 1 EL Zucker

ZUBEREITUNG: Den Weißwein mit der gleichen Menge Wasser und den restlichen Zutaten mischen. Etwa 1 kg helles Fleisch oder Bratheringe darin 1–2 Tage marinieren. Die durchgeseihte Marinade für die Sauce verwenden.

Würzbeize mit Tannenaroma

Tipp

Diese würzige Marinade mit dem aparten Tannenaroma lässt einen Schweinenacken wie einen Wildschweinbraten schmecken.

Zutaten: 500 ml Rotwein • 500 ml Rotweinessig • 1 Bund Suppengrün, gewürfelt • 2 gehackte Zwiebeln • 3 Lorbeerblätter • 3 Gewürznelken • 10 zerdrückte Wacholderbeeren • 1 rote, aufgeschnittene Chilischote • 100 g Senfkörner • 1 EL Salz • 2 kleine, junge Tannenzweige • 2 cl Kirschlikör

Zubereitung: Rotwein und Essig mit 500 ml Wasser zum Kochen bringen. Alle Zutaten einrühren und abkühlen lassen. Die Marinade über 1 kg Schweinenacken oder Rindfleisch gießen und im Kühlschrank 7–8 Tage durchziehen lassen. Die durchgeseihte Marinade für die Sauce verwenden.

Barbecue-Marinade

Zutaten: 3 EL Honig • 2 EL Zucker • 1 TL Surig Essig-Essenz • 400 ml Ketschup • 2 cl Weinbrand • 1 EL Worcestershiresauce • 2–3 Knoblauchzehen • 1 TL Majoran • 1 TL Oregano • 1 TL Salz • 1 TL Currypulver • frisch gemahlener Pfeffer • Cayennepfeffer nach Geschmack

Zubereitung: Den Honig mit 2 EL Wasser und dem Zucker schmelzen. Mit den restlichen Zutaten mischen. Rund 1 kg Koteletts, Steaks oder Spareribs damit bestreichen und abgedeckt gut 1 Tag durchziehen lassen, dann auf dem Grill garen.

Kräutermarinade

Zutaten: 250 ml halbtrockener Weißwein • 750 ml Weißweinessig • 4 geschälte Knoblauchzehen, in Scheiben • 2 rote, gehackte Chilischoten • 1/2 Fenchelknolle, in Scheiben • 1 dicke Möhre, gewürfelt • 1 Bund Frühlingszwiebeln, in Scheiben • 3 Stück Orangenschale von 1 unbehandelten Frucht • 1 Bund Thymian, grob gehackt • 4 Stängel Rosmarin, grob gehackt • 1 Bund Basilikum, in Streifen • 1 EL Salz • 1 EL Zucker • 250 ml Olivenöl

Tipp

Diese Marinade eignet sich zum Einlegen von Hähnchenbrust, Rumpsteaks, Koteletts und Tunfisch.

Zubereitung: Wein und Essig aufkochen. Alles bis auf das Öl hinzufügen und einmal aufkochen, abkühlen lassen. Mit dem Öl mischen und rund 1 kg Gemüse (geschälte Paprika, halbierte Tomaten, Fenchel, Auberginen, Zucchini, Zwiebeln) 2–3 Tage oder 1 kg Fisch darin 1 Tag marinieren.

Asiatische Marinade

Zutaten: 4 gehackte Knoblauchzehen • 1 EL gehacktes Zitronengras • 1 rote, gehackte Chilischote • 1 EL gehackter Ingwer • 12 EL Sojasauce • 2 EL Austernsauce • 6 EL Sonnenblumenöl • 4 EL Honig • 4 EL trockener Sherry

Zubereitung: Alle Zutaten gut mischen. Etwa 750 g Fleisch oder Fisch darin, je nach Dicke, 1–2 Tage marinieren, gut abtupfen, in Streifen schneiden und braten oder grillen.

Saucen für Fleisch & Geflügel

Was wäre ein saftiger Schweinebraten, würzige Rouladen oder eine knusprige Ente aus dem Ofen ohne Sauce? Kein echter Genuss! Bei großen Braten entsteht meist genügend Bratenfond, aus dem man eine Tunke machen kann. Wir zeigen Ihnen jedoch, wie Sie aus Bratenfond und allerlei feinen Zutaten die köstlichsten Saucen zaubern können. Aber auch zu Steaks und Schnitzeln, Frikadellen und Kasseler, Wachteln oder Chickenwings wünscht sich mancher einen besonderen Begleiter. In diesem Kapitel verraten wir die besten Rezepte für solch feine Sößchen wie Tomaten-Cognac-Sauce und Calvados-Apfel-Sauce. Was glauben Sie, wozu wir Pflaumensauce, Brotsauce, Lauchcremesauce und Oliven-Thymian-Butter anrichten? Lassen Sie sich überraschen!

Biersauce zum Schweinekrustenbraten

TIPP

Schweinebraten schmeckt kalt aufgeschnitten vorzüglich auf Brot mit Sahne- oder Apfel-Meerrettich (S. 24). Deshalb lohnt es sich, einen größeren Braten in die Bakkröhre zu schieben.

ZUTATEN: 30 g Butter • 30 g Mehl • 1,25 kg Schweinebraten mit Schwarte • 4 EL Sonnenblumenöl • Salz • frisch gemahlener Pfeffer • 2 Knoblauchzehen • 5 Gewürznelken • 2 Möhren • 1/2 Sellerieknolle • 2 Stangen Lauch • 1 Petersilienwurzel • 2 Zwiebeln • 2 EL Tomatenmark • 2 Lorbeerblätter • 1/2 Zimtstange • 1 Flasche dunkles Bier • Honig

ZUBEREITUNG: Butter mit Mehl verkneten und kalt stellen. Ofen auf 190° C vorheizen. Die Schwarte mit etwas Öl einreiben. Den Braten rundherum mit Salz und Pfeffer würzen. Knoblauch in Stifte schneiden und mit den Nelken in die eingeschnittene Schwarte stecken. Restliches Öl im Bräter erhitzen und den Braten auf der Schwartenseite goldbraun anbraten. Das Gemüse putzen, schälen und grob würfeln. Das Fleisch wenden und wieder einige Min. anbraten. 250 ml heißes Wasser angießen und den Braten in den Ofen schieben. 1 Std. schmoren, evtl. heißes Wasser zugießen. Gemüse und Tomatenmark um das Fleisch legen, kurz mitschmoren. Lorbeerblätter und Zimtstange zufügen, mit Bier auffüllen. 1 weitere Std. braten, zwischendurch öfter mit dem Bratenfond begießen. Den Braten heraus nehmen, Gemüse und Bratenfond durch ein Sieb streichen. Temperatur auf 210° C erhöhen und den Braten so lange in den Ofen geben, bis die Kruste kross ist. Die Mehlbutter zum Binden stückchenweise in den Bratenfond einrühren und abschmecken.

Oliven-Paprika-Sauce zu Schweinerollbraten

ZUTATEN: 1 kg Schweinerollbraten • Salz • frisch gemahlener Pfeffer • Paprikapulver • 4 EL Olivenöl • 250 ml Rotwein • 2 rote Paprikaschoten • 2 Knoblauchzehen • 150 g Crème fraîche • dunkler Saucenbinder • Cayennepfeffer • je 5 grüne und schwarze Oliven • 1 TL frische Thymianblättchen • 1 TL Zitronenzesten

ZUBEREITUNG: Den Rollbraten rundherum mit einer Mischung aus Salz, Pfeffer und Paprikapulver einreiben. Olivenöl in einem Bräter nicht zu heiß werden lassen und den Braten darin rundherum sanft anbraten. Den Rotwein angießen und im geschlossenen Topf 15 Min. schmoren. Den Braten wenden, 250 ml heißes Waser angießen. Paprikaschoten putzen, waschen und klein schneiden. Knoblauch schälen und fein hacken. Beides nach weiteren 15 Min. zum Fleisch geben. Den Rollbraten insgesamt 60–70 Min. garen. Das Fleisch in Alufolie wickeln. Die Sauce pürieren und durch ein feines Sieb streichen. Mit Crème fraîche verrühren. Die Sauce mit Saucenbinder nach Belieben binden, mit Salz und Cayennepfeffer abschmekken. Oliven längs in schmale Streifen schneiden. Mit Thymian und Zesten in die Sauce einrühren.

Dazu passen breite Nudeln und eine Gemüsebeilage aus grünen Bohnen, Kirschtomaten und Artischockenherzen.

TIPP

Dieses Fleisch nicht zu stark anbraten, weil das Paprikapulver verbrennt und einen bitteren Geschmack hinterlässt.

Limettensauce zu Schweinemedaillons

Zutaten: 400 g Schweinefilet • 1 TL Maggi Würzmischung • 2 EL Sonnenblumenöl • 1 gehackte Zwiebel • 125 g Sahne • 1 EL Klare Brühe • 4 EL Saucenbinder für helle Saucen • 1 Limette • Cayennepfeffer • Honig

Zubereitung: Das Fleisch häuten, waschen und trockentupfen. Anschließend in 3 cm dicke Scheiben schneiden. Die Medaillons mit der Würzmischung einreiben und in heißem Öl auf beiden Seiten kräftig anbraten. Die Medaillons in Alufolie wickeln. Die Zwiebel in dem Bratenfett anschwitzen. Den Bratensatz mit 200 ml Wasser lösen. Sahne und Brühegranulat einrühren und 3 Min. sprudelnd kochen lassen. Mit dem Saucenbinder binden. Die Limette heiß waschen, trockenreiben und etwas Schale zur Sauce reiben. Die Frucht auspressen und die Sauce mit Limettensaft, Cayennepfeffer und Honig pikant abschmecken. Die Medaillons kurz in der Sauce erhitzen.

Dazu passen eine Wildreismischung und in Butter geschwenkte Zuckerschoten.

Limetten-Tomaten-Sauce zu Hackfleischbällchen

Zutaten: 2 Brötchen • 250 ml lauwarme Milch • 1 Zwiebel • 6 Salbeiblätter • 1 EL kleine Kapern • 800 g Strauchtomaten • 1 EL Butter • 500 g Kalbshack • 1 Ei • 1 EL Mehl • Salz • frisch gemahlener Pfeffer • Butterschmalz • 4 EL Portwein • 1–2 Spritzer Tabasco • 4 EL Olivenöl • 1 EL Limettensaft

Zubereitung: Die Brötchen in der Milch einweichen. Zwiebel schälen und fein würfeln. Salbei hacken. Tomaten in kochendes Wasser tauchen, häuten, vierteln und entkernen. Tomatenviertel in kleine Würfel schneiden. Butter in einer Pfanne erhitzen, Zwiebelwürfel andünsten. Brötchen ausdrücken, klein zerpflücken und kurz mit in die Pfanne geben. Alles in eine Schüssel umfüllen. Hack zusammen mit Ei, Mehl Salbei und Kapern in die Schüssel geben, alles gut mischen. Mit Salz und Pfeffer abschmecken. Aus dem Fleischteig kleine Bällchen formen. Butterschmalz in einer großen Pfanne erhitzen, Bällchen von beiden Seiten braun braten. Gebratene Fleischbällchen in eine Schüssel geben und mit Portwein begießen. Tomatenwürfel im Mixer auf höchster Stufe zu Püree verarbeiten. Mit Salz, Tabasco, Olivenöl und Limettensaft abschmecken. Tomatensauce kalt oder warm zu den Hackbällchen servieren.

Tipp

Hackbällchen und Limetten-Tomaten-Sauce können beide kalt oder warm serviert werden. Für ein Büfett empfiehlt es sich, die Hackbällchen nicht zu groß zu formen und auf einem Bett von glatter Petersilie anzurichten. Zum Aufnehmen kleine Holzspieße bereit legen. Die Sauce in einem Schälchen dazu stellen.

Meerrettich-Rote-Bete-Sauce zu Schweinehackbraten

Zutaten: 1 altbackenes Brötchen • 1 kg Schweinehackfleisch • 1 Bund Frühlingszwiebeln • Salz • frisch gemahlener Pfeffer • 2 EL frische Majoranblättchen • 2 Eier • 2 EL Dijon-Senf • 1 Speckschwarte • 1 Bund Suppengrün • 2 Lorbeerblätter • 500 g gekochte rote Bete • 50 g geriebener Meerrettich • 150 g Crème fraîche • Zucker • Zitronensaft • 150 g geschlagene Sahne

Zubereitung: Brötchen in lauwarmem Wasser einweichen, gut ausdrücken und in eine Schüssel zupfen. Hack hinzufügen. Frühlingszwiebeln putzen und den hellen Teil klein schneiden, Zwiebelgrün beiseite legen. Hack mit Zwiebeln, Salz, Pfeffer, Majoran, Eiern und Senf mischen und einen länglichen Laib formen. Backofen auf 200° C vorheizen. Speckschwarte auf den Boden des Bräters legen und den Hackbraten darauf setzen. Abgedeckt in den Ofen schieben und 20 Min. braten. Suppengrün putzen und klein schneiden. Mit den Lorbeerblättern und 1 Tasse Wasser zum Fleisch geben und 40 Min. braten. Die letzten 15 Min. den Deckel entfernen. Den Braten in Alufolie wickeln, den Bratenfond durch ein Sieb streichen. Etwa 100 g rote Bete fein reiben, den Rest in Scheiben schneiden und im Bratenfond erhitzen. Geriebene rote Bete mit Crème fraîche und Meerrettich mischen, mit Salz, Zucker und Zitronensaft abschmekken. Sahne unterheben, gehacktes Zwiebelgrün darüber streuen.

Dazu passen im Ganzen geröstete kleine Kartoffeln.

Jägersauce zu Schweinesteaks

ZUTATEN: 4 Schweinesteaks • Salz • frisch gemahlener Pfeffer • 2 EL Butterschmalz • 2 EL roter Portwein • 200 g Sahne • 1 Päckchen Maggi Jägersauce • 2 EL Preiselbeerkompott

ZUBEREITUNG: Die Steaks waschen, trockentupfen und rundherum mit Salz und Pfeffer einreiben. Das Butterschmalz in einer Pfanne erhitzen und die Steaks darin beidseitig anbraten. Den Backofen auf 200°C vorheizen. Die Steaks nebeneinander in eine feuerfeste Form setzen. Den Bratensatz mit Portwein lösen. Sahne mit Jägersauce, Bratenfond und Preiselbeerkompott mischen. Die Jägersauce über die Steaks gießen und 20–25 Min. überbacken.

Dazu passen frisch geschabte Spätzle und in Butter gebratene Waldpilze oder Champignons.

Sherry-Honig-Beize für Spareribs

ZUTATEN: 1,5 kg Spareribs, in Portionsstücke geteilt • 2 Knoblauchzehen • 1 Schalotte • 150 ml Sonnenblumenöl • 100 ml trockener Sherry • 2 EL Oregano • 1 TL Zucker • 1 TL Salz • frisch gemahlener Pfeffer • 5 EL Honig

ZUBEREITUNG: Spareribs waschen, trockentupfen und zum Marinieren in ein flaches, breites Gefäß legen. Knoblauchzehen und Schalotte schälen und fein hacken, mit Öl, Sherry, Oregano, Zucker, Salz und Pfeffer vermischen. Marinade über die Rippchen gießen, diese mehrmals wenden. Gefäß mit Deckel oder Folie verschließen und Fleisch kühl stellen. Mindestens 24 Std. in der Marinade ziehen lassen. Rippchen gut abtropfen lassen und Marinade auffangen. Rippchen auf den Grill legen (nicht zu nah an die Glut!) und langsam grillen. Mehrmals wenden, zwischendurch erneut mit der aufgefangenen Marinade bepinseln. Spareribs nach etwa 15 Min. mit Honig bestreichen und weitere 10 Min. grillen, bis sich eine schöne Kruste gebildet hat.

Die Rippchen mit Baguette und grünem Salat servieren.

Mangosauce zu Spareribs

ZUTATEN: 200 g Crème fraîche • 3 EL Mango-Chutney • 1 Spritzer Surig Essig-Essenz • 1/2 TL Curry • Salz • frisch gemahlener Pfeffer

ZUBEREITUNG: Die Crème fraîche mit Chutney, Essig-Essenz und Curry mischen. Mit Salz und Pfeffer abschmecken.

Marinierte Spareribs

ZUTATEN: 800 g Spareribs, in Portionsstücke geteilt • 6 EL Sojasauce • 1 TL gehackter Ingwer • 1 TL gehackte Chilischoten • 1/2 TL Salz • 2 EL Honig • Salz

ZUBEREITUNG: Das Fleisch in eine flache Schale legen. Die Sojasauce mit Ingwer, Chili, Salz und Honig verrühren. Die Spareribs damit auf beiden Seiten bestreichen und 1–2 Std. marinieren. Dann 10–15 Min. grillen.

Tomaten-Ananas-Dip zu Nackenkoteletts

ZUTATEN: 1 gehackte Knoblauchzehe • 1 TL Olivenöl • 1 Packung stückige Tomaten • 1 Dose Ananas-Dessert-Stücke • 1 TL Sambal oelek • Salz • 1 Spritzer Surig Essig-Essenz

ZUBEREITUNG: Knoblauch in heißem Öl leicht anschwitzen. Tomaten dazugeben und cremig einkochen. Abgegossene Ananasstücke, Sambal oelek, Salz und Essig-Essenz einrühren und abkühlen lassen.

Fancysauce für Chickenwings

ZUTATEN: 1,5 kg Chickenwings • 8 EL Sonnenblumenöl • 6 EL Sojasauce • Salz • frisch gemahlener Pfeffer • 1 Flasche Tomatenketschup • 1 Flasche Currysauce • 1 Flasche süßsaure Chilisauce

ZUBEREITUNG: Das Fleisch waschen und trockentupfen. Öl, Sojasauce, Salz und Pfeffer verrühren und das Fleisch damit rundherum einreiben. Auf einem Backblech ausbreiten und bei 180° C gut 1 Std. braten. Die 3 Saucen in einer großen Schüssel mischen und das heiße Fleisch dazugeben.

Dazu schmeckt knuspriges Baguette.

Pflaumensauce zu gefülltem Schweinerollbraten

Zutaten: 1,2 kg Lendenkotelett am Stück, ohne Knochen • Salz • frisch gemahlener Pfeffer • 2 Bund Frühlingszwiebeln • 1 Apfel • 4 EL Butter • 1 TL gehackter Ingwer • 2 EL gemahlene Mandeln • 2 EL Sonnenblumenöl • 1 Stängel Thymian • 2 Lorbeerblätter • 200 g Backpflaumen ohne Stein • 250 ml roter Portwein • Zitronensaft • Zimt • gemahlene Gewürznelken

Zubereitung: Das Fleisch waschen, trockentupfen und zu einem Rechteck aufschneiden. Mit Salz und Pfeffer bestreuen. Frühlingszwiebeln putzen und klein schneiden. Apfel vierteln, schälen, entkernen und fein würfeln. Beides in heißer Butter weich schmoren. Mit Ingwer und Mandeln, Salz und Pfeffer mischen. Die Füllung auf das Fleisch streichen, aufrollen und zusammenbinden. Öl erhitzen und den Braten darin rundherum anbraten. Thymian und Lorbeerblätter sowie 2 Tassen heißes Wasser angießen und 50 Min. schmoren. Das Fleisch wenden, Backpflaumen und Portwein dazugeben und weitere 15–20 Min. schmoren. Das Fleisch in Alufolie wickeln. Lorbeer und Thymian entfernen. Den Bratenfond pürieren und bei Bedarf noch etwas Wasser hinzufügen. Mit Salz, Pfeffer, Zitronensaft, Zimt und Nelkenpulver abschmecken.

Dazu schmeckt ein körniger Reis mit vielen gerösteten Mandelstiften.

Tipp

Ein fertig gekaufter Rollbraten kann mit einem Holzstiel durchbohrt und dann gefüllt werden. Dabei darf das Loch für die Füllung nicht zu klein sein.

Cranberrysauce zu falschem Wildschweinbraten

TIPP

Die Cranberrysauce hält sich in Gläsern verschlossen 3–4 Monate.

ZUTATEN: 250 ml Rotwein • 250 ml Rotweinessig • 2 gewürfelte Zwiebeln • 2 geschälte Knoblauchzehen • 3 Lorbeerblätter • 1 EL zerdrückte Pfefferkörner • 1 EL zerdrückte Wacholderbeeren • 1 TL Pimentkörner • 3 Gewürznelken • 1 Sternanis • 1 Zimtstange • 1 Bund Thymian • 1 TL Zucker • 1 TL Salz • 1 unbehandelte Orange in Scheiben • 1,2 kg Schweinenacken ohne Knochen • 4 EL Sonnenblumenöl • 1 Bund gewürfeltes Suppengrün • 500 g Cranberries • 300 g Zucker • 150 g Crème fraîche • 1 Stück frischer Meerrettich

ZUBEREITUNG: Rotwein, Essig und 250 ml Wasser mit Zwiebeln, Knoblauch, den Gewürzen, Zucker, Salz und Orangenscheiben einmal aufkochen, dann abgekühlt über das Fleisch gießen und 2 Tage durchziehen lassen. Das Fleisch trockentupfen, mit Salz und Pfeffer einreiben. Die Beize durch ein Sieb gießen. Fleisch in heißem Öl rundherum anbraten. Suppengrün und die Hälfte der Beize hinzufügen und insgesamt 70–80 Min. schmoren. Zwischendurch öfter wenden und Beize dazugießen. Die gewaschenen Cranberries mit dem Zucker verrühren und 3 Min. strudelnd kochen lassen. Das Fleisch in Alufolie wickeln, Den Bratenfond durch ein Sieb streichen, etwas einkochen, mit 5 EL Cranberries und der Crème fraîche mischen, mit Salz und Pfeffer abschmecken und etwas frischem Meerrettich in die Sauce raspeln. Dazu passen böhmische Hefeklöße.

Malzsauce zu Kasseler

ZUTATEN: 1 kg rohes Kasseler ohne Knochen • 500 g Möhren • 200 ml Gemüse-Kraftbouillon • 100 ml Malzbier • 2–3 EL Mondamin Bratenfond • 3 TL dunkler Fix-Saucenbinder • 2 EL Crème fraîche • Salz • frisch gemahlener Pfeffer

ZUBEREITUNG: Das Fleisch waschen und trockentupfen. Den Backofen auf 200° C vorheizen. Kasseler mit 125 ml heißem Wasser in einen Bräter legen. Im geschlossenen Topf 15 Min. im Backofen schmoren. Die Möhren putzen, schälen und in große Stücke schneiden. Möhren mit der Kraftbouillon zum Fleisch geben und weitere 20 Min. garen. Den Deckel entfernen und das Kasseler weitere 15 Min. bräunen. Das Fleisch in Alufolie wickeln. Malzbier und Bratenfond in den Topf geben und einmal aufkochen. Die Sauce mit Saucenbinder binden, mit Crème fraîche verfeinern und mit Salz und Pfeffer abschmecken.

Dazu schmeckt ein sahniges Kartoffelpüree oder in Butter leicht gebräunte Spätzle.

Aprikosensauce zu Kasseler

Zutaten: 1,2 kg rohes Kasseler mit Knochen • 125 ml Hühnerbrühe • 3 EL Aprikosennektar • 4 EL Ahornsirup • 2 cl Weinbrand • 1 große Dose Aprikosenhälften • 3 EL Sojasauce • 3 TL Surig Essig-Essenz • Salz • frisch gemahlener Pfeffer

Zubereitung: Das Fleisch waschen und trockentupfen. Den Backofen auf 200° C vorheizen. Kasseler in einen Bräter legen und mit heißer Hühnerbrühe begießen. 60 Min. im geschlossenen Topf schmoren. Aprikosennektar mit 1 EL Ahornsirup und Weinbrand verrühren und das Kasseler während des Bratens mehrmals damit bestreichen. Das Fleisch heraus nehmen und in Alufolie wickeln. Für die Sauce die Aprikosen in ihrem Saft pürieren, mit Sojasauce, Essig-Essenz und dem restlichen Ahornsirup mischen. Mit Salz und Pfeffer abschmecken. Kasseler aufschneiden, mit dem Bratenfond beträufeln und die Aprikosensauce getrennt dazu reichen.

Dazu schmecken asiatische Mie-Nudeln oder duftender Basmati-Reis.

Brotsauce zu Schweinenuss in Milch

Zutaten: 1 kg Schweinenuss • Salz • frisch gemahlener Pfeffer • frisch gemahlener Kümmel • 4 EL Butterschmalz • 2 gehackte Schalotten • 2 gehackte Knoblauchzehen • 200 g braune Champignons, in Scheiben • 1 l heiße Milch • 3 Lorbeerblätter • 2 Stängel Thymian • 6 Scheiben Toastbrot • 1 EL Hühnerbasis (Lacroix) • 1 TL Sardellenpaste • etwas geriebene Zitronenschale • 4 EL gehackte Petersilie

Tipp

Für eine glatte Sauce kann der Bratenfond mit Schalotten, Knoblauch und Champignons auch püriert werden. In diesem Fall wird etwas weniger Toastbrot zum Binden der Sauce benötigt.

Zubereitung: Das Fleisch waschen, trockentupfen und mit Salz, Pfeffer und Kümmelpulver einreiben. Butterschmalz erhitzen und das Fleisch darin rundherum 15 Min. anbraten. Schalotten, Knoblauchzehen und Champignons zum Fleisch geben und die Hälfte der heißen Milch dazugießen. Lorbeerblätter und Thymianstängel in die Milch legen. Nach etwa 30 Min. die restliche Milch angießen. Den Braten insgesamt 70–80 Min. garen. Zwischendurch immer wieder wenden. Das Fleisch in Alufolie wickeln. Lorbeer und Thymian entfernen. Toastbrot entrinden und würfeln. In dem Bratenfond durch Rühren auflösen. Mit Hühnerbasis, Sardellenpaste, Pfeffer, Zitronenschale und Petersilie abschmecken.

Dazu schmeckt eine Gemüseplatte mit Möhren, Staudensellerie, Brokkoli, Spargel und Kohlrabi.

Sauerkrautsauce und Erbsensauce zu Eisbein

Zutaten: 1,5 kg frisches Eisbein • Salz • 1 Bund Suppengrün in Würfeln • 1 TL Pfefferkörner • 3 Lorbeerblätter • 1 Bund Frühlingszwiebeln • 6 EL Butter • 200 g tiefgekühlte Erbsen • 50 g Schinkenspeck • 200 g Sauerkraut • 1 geschälter und gewürftelter Apfel • 250 g Sahne • 1 TL Paprikapulver • frisch gemahlener Pfeffer

Tipp

Diese beiden Saucen schmecken auch vorzüglich zu gebratener Spanferkelkeule oder Spanferkelrücken.

Zubereitung: Das Fleisch waschen und in einen großen Topf geben. Mit kaltem Waser auffüllen und mit Salz, Suppengrün, Pfeffer und Lorbeerblättern in 2–3 Std. gar kochen. Die Frühlingszwiebeln putzen und klein schneiden, in 2 EL Butter weich schmoren. Die Erbsen in 2 Tassen Salzwasser weich kochen. Erbsen abgießen, mit den Frühlingszwiebeln pürieren und durch ein Sieb streichen. Mit etwas Butter verfeinern.

Den Schinkenspeck sehr fein würfeln, in der restlichen Butter anschwitzen, Sauerkraut, Apfelwürfel und etwas Kochwasser hinzufügen und 20 Min. garen. Das Sauerkraut pürieren und durch ein Sieb streichen. Erbspüree und Sauerkrautpüree jeweils mit etwas Sahne cremig rühren, Sauerkrautsauce mit Paprikapulver mischen, beide Saucen mit Salz und Pfeffer abschmecken.

Dazu passen kleine geröstete Kartoffeln oder Salzkartoffeln.

Pumpernickelsauce zu Sauerbraten

ZUTATEN: 1 kg Schaufelbug vom Rind • 4 EL Sonnenblumenöl • 150 ml Birnensaft • 175 ml Rotwein • 200 ml Gemüsebrühe • 1 Beutel Maggi Fix für Sauerbraten • 1 Scheibe Pumpernickel • 1 große Birne • 1 TL Zucker • 1 EL Butter • 2 cl Birnengeist • 2 EL Ahornsirup

ZUBEREITUNG: Das Fleisch waschen und trockentupfen. In heißem Öl rundherum kurz anbraten. Den Backofen auf 200° C vorheizen. Birnensaft, Rotwein und Gemüsebrühe mit Maggi Fix für Sauerbraten verrühren. Die Brotscheiben zerkrümeln und einrühren. Alles ums Fleisch gießen. Das Fleisch im geschlossenen Topf im Backofen 70–80 Min. garen. Die Birne schälen, entkernen und in schmale Spalten schneiden. Den Zucker zu einem hellen Karamell schmelzen, Birnenspalten, Butter, Birnengeist und Ahornsirup einrühren. Das Fleisch in Alufolie wickeln. Den Bratenfond mit dem Mixstab kurz durchrühren, mit der Birnenzubereitung verrühren.

Dazu schmecken Semmelknödel und Brokkoliröschen, mit Butter und Mandeln verfeinert.

Mango-Chili-Sauce zu falscher Lende aus dem Tontopf

Tipp

Statt der falschen Lende kann diese pikante Zubereitung im Tontopf auch mit der gleichen Menge rohem Kasseler zubereitet werden.

Zutaten: 1 kg falsche Lende • Salz • frisch gemahlener Pfeffer • 1 TL Curry • 2 Orangenscheiben • 1 Zitronenscheibe • 2 Lorbeerblätter • 2 reife Mangos • 2 geschälte Knoblauchzehen • 1 EL Zitronensaft • 2 EL Orangensaft • 2 EL Sojasauce • 1 TL gehackter Ingwer • 1 TL getrockneter Thymian • 1 rote, gehackte Chilischote • 4 EL Sonnenblumenöl • 1 Beutel Maggi Fix für Rinderbraten

Zubereitung: Das Fleisch waschen und trockentupfen. Mit Salz, Pfeffer und Curry einreiben. Mit den Zitrusscheiben und Lorbeerblättern belegen. Einen Tontopf nach Vorschrift wässern. Die Mangos schälen und vom Stein schneiden, fein würfeln. 4 EL Würfel beiseite legen. Den Rest mit Knoblauch, Zitronensaft, Orangensaft, Sojasauce und Ingwer pürieren. Thymian, Chilischote, Sonnenblumenöl, 250 ml Wasser und Maggi Fix unterrühren. Das Fleisch in den Tontopf legen und die Sauce darüber gießen. Bei 200° C 100 Min. garen. Das Fleisch in Alufolie wickeln. Den Bratenfond mit dem Mixstab kurz durchrühren, mit Salz und Pfeffer abschmecken und die Mangowürfel einrühren.

Dazu passt ein Reis mit ungesalzenen Pistazien und etwas frischem Koriandergrün.

Burgundersauce zu Tafelspitz

Zutaten: 1 kg Tafelspitz • 2 EL Butterschmalz • Salz • frisch gemahlener Pfeffer • 1 Flasche roter Burgunder • 6 Stängel Thymian • 3 Lorbeerblätter • 6 zerdrückte Wacholderbeeren • 1 TL zerdrückte Pfefferkörner • 1 TL Pimentkörner • 1 TL Fenchelsamen • 1 großes Stück Orangenschale • 3 geschälte Knoblauchzehen • 4 rote Zwiebeln • 200 g kleine Champignons • 4 EL Butter • dunkler Saucenbinder

Tipp

Das Fleisch schmeckt besonders würzig, wenn es einige Stunden in Rotwein eingelegt wird.

Zubereitung: Das Fleisch waschen, trockentupfen und in 4 cm große Würfel schneiden. Butterschmalz erhitzen und das Fleisch darin rundherum anbraten. Mit Salz und Pfeffer bestreuen. Rotwein, Thymian, Lorbeerblätter, Wacholder, Pfeffer, Piment, Fenchel, Orangenschale und Knoblauch hinzufügen. Das Fleisch im geschlossenen Topf 70–80 Min. garen. Inzwischen die Zwiebeln schälen und längs in dünne Streifen schneiden. Pilze putzen. Beides in der heißen Butter bissfest garen. Die Fleischwürfel aus dem Bratenfond nehmen und diesen durch ein Sieb streichen. Mit Saucenbinder leicht binden. Fleischwürfel, Champignons und Zwiebeln einrühren und alles mit Salz und Pfeffer abschmecken.

Dazu passen Weißbrot oder Spätzle und fruchtiger Rotkohl.

Marinieriertes Rinderfilet

Zutaten: 500 g Rinderfilet • 6 EL Marsala • 6 EL Sojasauce • 1 EL Speisestärke • 1 kleines Stück frische Ingwerwurzel • 2 Knoblauchzehen • 4 kleine Zwiebeln • 200 g Champignons • 2 EL Öl • Salz • frisch gemahlener Pfeffer • 1 EL Sesam

Zubereitung: Das Rinderfilet in schmale Streifen schneiden. Marsala, Sojasauce und Speisestärke in einer kleinen Schüssel verrühren, über das Fleisch geben und 30 Min. ziehen lassen. Den Ingwer schälen und fein hacken. Knoblauchzehen und Zwiebeln schälen und in feine Scheiben schneiden. Champignons putzen und vierteln. Das Öl erhitzen, Rindfleisch aus der Marinade nehmen und unter Rühren bei starker Hitze etwa 3 Min. anbraten. Ingwer, Knoblauch, Zwiebeln und Pilze zugeben und bei starker Hitze kurz anbraten. Marinade zugießen und alles noch 3 Min. weiterköcheln lassen. Mit Salz und Pfeffer abschmecken. Sesam in einer kleinen Pfanne ohne Fett hellbraun rösten. Fleisch mit Sauce auf Tellern anrichten, mit Sesam bestreuen und servieren.

Dazu passt körniger Curryreis.

Hagebuttensauce zu Rinderbraten

ZUTATEN: 1 kg Rindfleisch aus der Keule • Salz • frisch gemahlener Pfeffer • 1 TL getrockneter Thymian • 150 g fetter Speck in dünnen Scheiben • 2 EL Mazola Keimöl • 1 Beutel Knorr Fix für Sauerbraten • 1 TL Wildgewürz Hubertus (Ubena) • 3 EL Hagebuttenkonfitüre • 4 EL Sahne

ZUBEREITUNG: Das Fleisch waschen und trockentupfen. Mit Salz, Pfeffer und Thymian einreiben. Den Braten mit dem Speck belegen und mit Küchengarn umwickeln. Das Öl in einem Bräter erhitzen und das Fleisch darin rundherum kräftig anbraten, bis eine braune Kruste entstanden ist. Mit 500 ml heißem Wasser ablöschen und Fix für Sauerbraten und das Wildgewürz einrühren. Den Braten bei mittlerer Hitze im geschlossenen Topf 90 Min. schmoren. Den Deckel entfernen und weitere 30 Min. garen. Das Fleisch heraus nehmen und in Alufolie wickeln. Die Hagebuttenkonfitüre und die Sahne in die Sauce rühren. Noch einmal mit Salz und Pfeffer abschmecken. Den Speck entfernen und das Fleisch in Scheiben schneiden.

Dazu passen gekochte Kartoffelknödel und in Butter gedünsteter Spitzkohl.

Madeirasauce zu Rinderzunge

Zutaten: 1 Rinderzunge • Salz • 1 EL Pfefferkörner • 1 TL Pimentkörner • 3 Gewürznelken • 2 Sternanis • 1/2 Zimtstange • 2 Lorbeerblätter • 2 gewürfelte Zwiebeln • 1 Bund Suppengrün in Würfeln • 4 Stängel Thymian • 1 Stück Zitronenschale • 3 EL Butter • 2 gewürfelte Zwiebeln • 3 TL Mehl • frisch gemahlener Pfeffer • Zucker • Zitronensaft • 10 cl Madeira

Zubereitung: Die Zunge putzen, waschen und in reichlich Salzwasser 2 Std. köcheln lassen. Dann Pfeffer, Piment, Nelken, Sternanis, Zimtstange, Lorbeerblätter, Zwiebeln, Suppengrün, Thymian und Zitronenschale dazugeben und die Zunge in weiteren 60–90 Min. weich kochen. Die Zunge sofort unter kaltes Wasser halten und die Haut abziehen. Die Brühe auf gut 600 ml einkochen und durch ein Sieb gießen. Die Butter erhitzen und die Zwiebeln darin weich schmoren. Das Mehl einrühren und hellbraun rösten. Nach und nach die Brühe angießen und die Sauce 10 Min. köcheln lassen. Dann durch ein Sieb streichen und mit Salz, Pfeffer, Zucker, Zitronensaft und Madeira pikant abschmecken. Die Zunge in Scheiben schneiden und in der Madeirasauce erwärmen.

Dazu passt ein Püree aus Kartoffeln und Maronen und Möhrengemüse mit Rosinen und Mandeln.

Tipp

Eine gepökelte Zunge wird am besten 8 Std. gewässert und nicht in Salzwasser gegart. Dünne, abgekühlte Zungenscheiben eignen sich vorzüglich mit Sahne-Meerrettich (S. 24) als Brotbelag.

Estragon-Rahm-Sauce zu Rinderrouladen

ZUTATEN: 30 g Butter • 30 g Mehl • 1 TL getrockneter Estragon • 4 Scheiben Rinderrouladen • Salz • Pfeffer • Estragonsenf • 8 Scheiben Schinkenspeck • 1 gehackte Zwiebel • 4 kleine Salzgurken • 4 Lorbeerblätter • 4 EL Butterschmalz • 500 ml Fleischbrühe • 1 Bund Suppengrün in Würfeln • 150 ml Rotwein • 100 g Crème fraîche • 2 Stängel frischer Estragon

ZUBEREITUNG: Die Butter mit Mehl und Estragon verkneten, kühl stellen. Das Fleisch ausbreiten und mit Salz und Pfeffer bestreuen, mit Senf bestreichen. Jeweils 2 Schinkenspeckscheiben darüber legen und mit den Zwiebelwürfeln bestreuen. Jeweils 1 Gurke auf die schmale Seite legen, die Lorbeerblätter auf die breite Seite. Die Rouladen von der schmalen Seite her aufrollen und mit Holzspießchen, Rouladenklammern oder Garn zusammenhalten. Butterschmalz in einem Bräter erhitzen und die Rouladen darin kräftig anbraten. Die Fleischbrühe angießen und 60 Min. schmoren. Das Suppengrün zwischen die Rouladen legen und den Rotwein angießen. Die Rouladen in weiteren 50–60 Min. weich schmoren. Das Fleisch in Alufolie wickeln, den Bratenfond durch ein Sieb streichen, aufkochen. Mit der Mehl-Butter binden, mit Crème fraîche verfeinern. Die Rouladen wieder in die Sauce legen und mit Estragonblättern bestreuen. Dazu passen Salzkartoffeln und Blumenkohl mit einer Mischung aus Paniermehl und heißer Butter übergossen.

Spargelrahm zu Rinderfilet

Zutaten: 1 kg weißer Spargel • Salz • 1 Prise Zucker • 2 EL Butter • 1 EL Mehl • 200 g Sahne • frisch gemahlener Pfeffer • 4 EL gehackte Petersilie • 1 Bund Frühlingszwiebeln • 200 g braune Champignons • 3 Tomaten • 4 Scheiben Rinderfilet à 150 g • 1 EL Butterschmalz

Zubereitung: Den Spargel schälen, holzige Enden entfernen. Spargel in 3 cm große Stücke schneiden, in kochendem Salzwasser mit Zucker und 1 TL Butter in 10 Min. bissfest garen. Heraus nehmen und abtropfen lassen. 1 EL Butter erhitzen, Mehl anschwitzen, Spargelsud unter Rühren aufgießen, einkochen. Sahne unterrühren, mit Pfeffer und Salz abschmecken, Petersilie und Spargel unterheben, bei schwacher Hitze ziehen lassen. Frühlingszwiebeln putzen und klein schneiden. Pilze waschen, putzen, vierteln. Tomaten heiß überbrühen. Haut abziehen, Stielansatz entfernen und grob würfeln. Zwiebel, Pilze und Tomaten in der restlichen Butter dünsten, mit Salz und Pfeffer würzen. Rinderfilet waschen, trockentupfen, salzen, pfeffern und in heißem Butterschmalz von beiden Seiten braten. Portionsweise anrichten, Spargelrahm und Pilzmischung dazu geben.

Tomaten-Cognac-Sauce zu Rindersteaks

Zutaten: 2 Schalotten • 1/2 Bund Schnittlauch • 4 große Tomaten • 1 EL Olivenöl • 2 EL Butter • 8 Rindersteaks (à 100 g) • Salz • frisch gemahlener Pfeffer • 4 EL Cognac • 1 EL Worcestershiresauce • 250 ml Rinderfond

Tipp

Diese feine Sauce passt auch gut zu Frikadellen, die aus magerem Tatar, Ei, Senf und etwas Thymian hergestellt werden.

Zubereitung: Die Schalotten schälen, in sehr dünne Scheiben schneiden. Schnittlauch waschen und fein hacken. Tomaten in heißes Wasser tauchen, Stielansatz und Haut entfernen und grob hacken. Das Olivenöl und die Butter in einer Pfanne erhitzen, Steaks salzen und pfeffern, bei hoher Hitze von beiden Seiten rasch an-, nicht durchbraten, aus der Pfanne nehmen und warm stellen. Die Pfanne vom Herd nehmen, überschüssiges Fett abgießen, Cognac in die Pfanne geben, anzünden und wieder auf den Herd stellen, bis die Flamme verlöscht. Schalotten in der Pfanne weich schmoren, Tomaten, Worcestershiresauce, Fond, Salz und Pfeffer unterrühren und aufkochen lassen. Steaks in die Sauce geben und garen. Die fertigen Steaks anrichten, Sauce etwas einkochen lassen, Schnittlauch dazugeben und über die Steaks gießen.

Dazu passt Reis oder Pasta, mit brauner Butter verfeinert.

Kräuterschmand zu Roastbeef

Tipp

Bei Roastbeef rechnet man pro cm mit 8 Min. Garzeit. Roastbeef gibt es beim Metzger auch bereits fertig gebraten zu kaufen. Lassen Sie sich das Fleisch in dünne Scheiben schneiden.

Zutaten: 750 g Roastbeef • 10 EL Butterschmalz • Salz • frisch gemahlener Pfeffer • 1 hart gekochtes Ei • 400 g Schmand • 4 EL Majonäse • 6–8 EL Gewürzgurkensud • 1 TL Honig • 1 Gewürzgurke • 1 geschälte Schalotte • 1 geschälte Knoblauchzehe • 2 EL Kapern • 2 Sardellenfilets • 2 EL scharfer Senf • 1 Tasse gehackte Kräuter (Petersilie, Kerbel, Dill, Schnittlauch, Rucola)

Zubereitung: Das Fleisch waschen, trockentupfen und mit der Fettseite nach unten in einen Bräter legen. Butterschmalz erhitzen und über das Fleisch gießen. Bei mittlerer Hitze 50–60 Min. schmoren. Das Roastbeef rundherum mit Salz und Pfeffer würzen und abkühlen lassen. Das Ei pellen und fein würfeln. Schmand mit Majonäse, etwas Gewürzgurkensud und Honig glatt rühren. Gewürzgurke, Schalotte, Knoblauch und Kapern sehr fein hacken. Sardellenfilets kalt abbrausen und trockentupfen, dann ebenfalls fein hacken. Alles mit Senf und gehackten Kräutern zur Schmand-Majonäse-Mischung geben und unterrühren. Mit Salz und Pfeffer abschmecken. Nach Bedarf noch etwas Gewürzgurkensud dazugießen. Das abgekühlte Roastbeef mit einem scharfen Messer oder einer Aufschnittmaschine in dünne Scheiben schneiden. Kräuterschmand getrennt dazu reichen.

Dazu passen knusprige Bratkartoffeln.

Schalotten-Senf-Sauce zu Rindfleisch-Toast

ZUTATEN: 6 geschälte Schalotten • 2 EL Butter • Zucker • 2 cl Cognac • 100 ml Kalbsfond • Salz • frisch gemahlener Pfeffer • 1 TL Thymianblättchen • 2 EL Crème fraîche • 1 EL Majonäse • 1 TL scharfer Senf • 2 Tomaten • 4 Rinderfilets à 120 g • 8 getoastete Toastbrotscheiben

ZUBEREITUNG: Die Schalotten halbieren und in Spalten schneiden. In 1 EL heißer Butter bei schwacher Hitze glasig dünsten und mit 1 Prise Zucker bestreuen. Mit Cognac ablöschen und mit Kalbsfond begießen. Leise köcheln lassen, bis die Flüssigkeit vollständig verkocht ist. Mit Salz und Pfeffer würzen und mit Thymianblättern verfeinern. Crème fraîche mit Majonäse und Senf glatt rühren und mit Salz und Pfeffer würzen. Tomaten in dünne Scheiben schneiden. Rinderfilet mit Salz und Pfeffer würzen und in der restlichen Butter auf jeder Seite etwa 2 Min. braten. 4 Toastbrotscheiben mit der Sauce bestreichen, mit Tomaten, Schalotten und gebratenem Rinderfilet sowie den restlichen Brotscheiben belegen.

Käse-Speck-Sauce zu Tatarbrot

ZUTATEN: 125 g Frühstücksspeck (Bacon) • 250 g Sahne • 1 TL Mehl • 250 g geriebener Gouda • Salz • frisch gemahlener Pfeffer • frisch gemahlene Muskatnuss • 200 g Tatar • 2 Eigelb • 4 EL gehackte Zwiebeln • 2 EL gehackte Salzgurke • 2 EL gehackte Kapern • Worcestershiresauce • 4 Scheiben getoastetes Toastbrot

ZUBEREITUNG: 4 Scheiben Speck knusprig braten. Den restlichen Speck fein würfeln und ebenfalls knusprig braten. Sahne und Mehl verrühren, aufkochen und den Käse einrühren. Mit Salz, Pfeffer und Muskat würzen. Den Backofengrill einschalten. Tatar mit den Eigelben, Zwiebeln, Salzgurke und Kapern mischen, mit Salz, Pfeffer und Worcestershiresauce würzen. Tatar auf die Brote streichen und in eine weite Auflaufform setzen. Speckwürfel mit der Sauce mischen, über die Brote gießen und goldgelb überbacken. Auf jedes Brot eine Speckscheibe legen.

Dazu passt ein Endiviensalat mit Apfel- und Gurkenwürfeln.

Dillsauce zu Kalbstafelspitz

ZUTATEN: 1,2 kg Kalbstafelspitz • Salz • 1 halbierte Zwiebel • 3 Lorbeerblätter • 1 TL Senfkörner • 1 TL Pimentkörner • 1 TL Koriandersamen • 1 TL Pfefferkörner • 1 Bund Suppengrün, in Würfeln • 5 EL Butter • 4 EL Mehl • 250 ml Milch • 200 g Sahne • frisch gemahlener Pfeffer • Zitronensaft • Worcestershiresauce • frisch geriebene Muskatnuss • 2 Bund gehackter Dill

ZUBEREITUNG: Das Fleisch waschen und in einem Topf mit Salzwasser bedecken. 1 Std. köcheln lassen. Zwiebel, Lorbeerblätter, Senfkörner, Piment, Koriander, Pfeffer und Suppengrün hinzufügen und 1 weitere Std. köcheln lassen. Das Fleisch heraus nehmen und in Alufolie wickeln. Die Brühe auf 750 ml einkochen. Die Butter erhitzen und das Mehl darin leicht bräunen. Milch, Sahne sowie die eingekochte Brühe dazugießen und 10 Min. offen köcheln lassen. Mit Salz, Pfeffer, Zitronensaft, Worcestershiresauce und Muskatnuss abschmecken. Zum Schluss den Dill einrühren.

Dazu passen böhmische Knödel und eine Gemüseplatte aus Rosenkohl, Wirsing, Möhren und Lauch. Das nicht zu klein geschnittene Gemüse wird in der Fleischbrühe gegart.

Orangen-Ingwer-Sauce zu Frühlingsrollen

ZUTATEN: 6 Reisteigplatten • 200 g Kalbsbraten (Aufschnitt) • 200 g Roastbeef in Scheiben • 2 EL Austernsauce • 4 EL süße Sojasauce • 2 EL salzige Sojasauce • 4 gehackte Knoblauchzehen • 4 Frühlingszwiebeln in dünnen Streifen • 4 frische Shiitakepilze in Streifen • 75 g Sojasprossen • 3 rote, gehackte Chilischoten • 4 Stängel Koriandergrün • 1 Möhre in dünnen Streifen • Sonnenblumenöl • 175 ml Orangensaft • 1 EL gehackter Ingwer • 4 gehackte Schalotten • 4 EL Tomatenketschup • 2 EL Honig • 1/2 TL Speisestärke • Limettensaft

ZUBEREITUNG: Die Reisteigplatten zwischen feuchten Küchentüchern einweichen. Kalbsbraten und Roastbeef in schmale Streifen schneiden. Austernsauce, 2 EL süße und die salzige Sojasauce, die Hälfte des Knoblauchs mischen und zum Fleisch geben. 4 Teigplatten ausbreiten. Frühlingszwiebeln, Shiitakepilze, Sojasprossen, etwas Chili, Koriandergrün und Möhren der Länge nach auf den Teig legen, das Fleisch darüber verteilen. Die Seiten einschlagen und aufrollen. Die Frühlingsrollen in heißem Öl knusprig braten. Für die Sauce Orangensaft mit Ingwer, dem restlichen Knoblauch, Schalotten, Chili, restlicher Sojasauce, Tomatenketschup und Honig 10 Min. kochen. Speisestärke mit etwas kaltem Wasser glatt rühren, in die Sauce einrühren, einmal aufkochen lassen. Die Sauce mit 2 EL Öl verrühren und mit Limettensaft pikant abschmecken.

Steinpilzsauce zu Kalbfleischfrikadellen

ZUTATEN: 2 gehackte Schalotten • 4 EL Butter • 4 Scheiben Toastbrot • etwas Milch • 1 Ei • 1 Eigelb • 1 TL Senf • 1 TL frische Thymianblättchen • 4 getrocknete Tomaten in Öl • 500 g Kalbshackfleisch • Salz • frisch gemahlener Pfeffer • 2 EL Butterschmalz • 20 g getrocknete Steinpilze • 2 rote, gehackte Zwiebeln • 1 gehackte Knoblauchzehe • 250 g Sahne • heller Saucenbinder • 2 EL gehackte Petersilie • 4 EL geschlagene Sahne

ZUBEREITUNG: Schalotten in 2 EL heißer Butter weich schmoren. Toastbrot entrinden, mit etwas Milch übergießen, dann gut ausdrücken. Das Brot, Ei, Eigelb, Senf, Thymianblättchen und Schalotten vermischen. Tomaten zwischen Küchenpapier entfetten und fein würfeln. Mit dem Hackfleisch zu der gewürzten Masse geben und vermengen, alles mit Salz und Pfeffer abschmecken. Aus dem Fleischteig 8 kleine ovale Frikadellen formen und in heißem Butterschmalz goldbraun braten. Die Steinpilze in 250 ml lauwarmem Wasser 30 Min. einweichen. Zwiebeln und Knoblauch in der restlichen Butter weich schmoren. Die Pilze mit dem Einweichwasser dazugeben und offen 10 Min. köcheln lassen. Die Sahne dazugießen und weitere 10 Min. offen köcheln lassen. Die Sauce mit dem Mixstab pürieren und nach Bedarf mit etwas Saucenbinder binden. Zum Schluss die Petersilie und die Sahne unterheben. Dazu passt Kartoffelpüree.

TIPP

Bevor aus der Hackfleischmasse Frikadellen geformt werden, empfiehlt es sich, eine kleine Menge in etwas Butterschmalz zu braten und zu probieren. Bei Bedarf nachwürzen.

Pizzaiola zu Kalbsschnitzeln

Tipp

Diese typisch italienische Sauce schmeckt auch zu Schweinekoteletts, Schweineschnitzeln oder gegrilltem Fisch.

Zutaten: 4 Kalbsschnitzel • Salz • frisch gemahlener Pfeffer • etwas Mehl • 2 EL Butter • 6 EL Olivenöl • 1 Stängel Rosmarin • 2 Stängel Thymian • 500 g Fleischtomaten • 4 geschälte Knoblauchzehen • 2 geschälte Schalotten • 3 EL Tomatenmark • 150 ml Rotwein • 1 Lorbeerblatt • 4 grüne Oliven • frische Oreganoblätter • Parmesan am Stück

Zubereitung: Das Fleisch waschen und trockentupfen. Mit Salz und Pfeffer würzen und beidseitig mit Mehl bestäuben. Butter und 2 EL Öl erhitzen, Rosmarin und Thymian in die Pfanne legen und die Schnitzel in dem aromatisierten Fett beidseitig goldbraun braten. Tomaten kurz in kochendes Wasser tauchen und häuten, Stielansatz weg schneiden. Tomaten, Knoblauch und Schalotten fein würfeln. Im restlichen Öl anschwitzen. Tomatenmark, Rotwein, gewürfelte Tomaten und Lorbeerblatt hinzufügen. Die Sauce offen etwa 15 Min. köcheln lassen. Oliven sehr fein hacken. Sobald die Sauce cremig eingekocht ist, mit Salz und Pfeffer abschmecken, Lorbeerblatt entfernen. Die Oliven und ein paar Oreganoblätter in die Sauce geben. Pizzaiola über die heißen Schnitzel gießen und etwas Parmesan darüber hobeln.

Scharfe Kokossauce zu Kalbsfilet mit Ananas

ZUTATEN: 600 g Kalbsfilet • 2 EL helle Sojasauce • 1 TL frisch geriebener Ingwer • 1 geschälte Knoblauchzehe • 1 Babyananas • 1 EL rote Currypaste • 400 ml Kokosmilch • Saft von 1/2 Limette • Zucker • Fischsauce • 2 EL Butter • 2 EL Erdnussöl

ZUBEREITUNG: Das Kalbsfilet in 4 Scheiben schneiden und mit Sojasauce, frischem Ingwer und fein gehacktem Knoblauch bestreichen. Babyananas schälen, und ebenfalls in 4 Scheiben schneiden. Currypaste in einem Topf erhitzen und mit etwas Kokosmilch glatt rühren. Restliche Kokosmilch einrühren und 10 Min. bei schwacher Hitze köcheln lassen. Dabei immer wieder umrühren. Mit Limettensaft, 1 Prise Zucker und Fischsauce würzen. Die Ananasscheiben in Butter von beiden Seiten goldbraun anbraten und mit etwas Zucker bestreuen. Im vorgeheizten Backofen bei 120° C 5 Min. glasieren.

Kalbsfiletscheiben in heißem Öl auf beiden Seiten braten. Ananas auf die Kalbsfiletscheiben legen und mit der scharfen Kokossauce begießen.

Dazu schmeckt feiner Basmatireis.

Zwiebel-Rosinen-Sauce zu Kalbsleber

ZUTATEN: 600 g Kalbsleber • 500 g weiße Zwiebeln • 2 EL Olivenöl • 1 Stängel Thymian • Salz • Zucker • Mehl • 2 EL Butter • frisch gemahlener Pfeffer • 2 EL Balsamessig • 400 ml Kalbsfond • 80 g Rosinen, in Portwein eingeweicht • 80 g geröstete Pinienkerne • 2 EL gehackte Petersilie

ZUBEREITUNG: Kalbsleber und Zwiebeln in schmale Streifen schneiden. Die Zwiebeln in Olivenöl goldbraun braten, abgezupfte Thymianblätter dazugeben und mit Salz und etwas Zucker würzen. Zwiebeln über einem Sieb abgießen und dabei das Olivenöl auffangen. Kalbsleberstreifen leicht mit Mehl bestäuben. 2 EL Butter und das aufgefangene Olivenöl in einer beschichteten Pfanne erhitzen und die Leber darin auf beiden Seiten scharf anbraten. Mit Salz und Pfeffer würzen, mit Essig ablöschen und mit Kalbsfond aufgießen. Zwiebelstreifen hinzufügen und etwas einkochen lassen. Zum Schluss die abgetropften Rosinen und Pinienkerne untermischen und mit Petersilie verfeinern.

Dazu passt cremige Polenta.

Kapern-Tomaten-Sauce zu Kalbsleber

Zutaten: 4 Scheiben Kalbsleber • Salz • frisch gemahlener Pfeffer • Mehl • 1 Ei • 1 altbackenes Ciabattabrötchen • 8–10 EL Butterschmalz • 2 Knoblauchzehen • 2 Zwiebeln • 50 g Parmaschinken • 2 EL Olivenöl • 2 Dosen Pizzatomaten • 2 Lorbeerblätter • 1 TL Thymianblättchen • 4 EL Tomatenketschup • 2 Sardellen • 1 rote Chilischote • 4 EL kleine Kapern • 1 Bund Rucola

Zubereitung: Die Leber in Streifen schneiden. Mit Salz und Pfeffer würzen und in Mehl wälzen. Das Ei trennen, das Eiweiß halb steif schlagen und mit dem Eigelb verrühren. Brötchen reiben. Reichlich Butterschmalz erhitzen. Leberstreifen durch Ei und Brösel ziehen. In heißem Butterschmalz knusprig ausbacken und auf Küchenpapier entfetten. Knoblauchzehen und Zwiebeln schälen und würfeln. Parmaschinken klein schneiden. Olivenöl erhitzen und Knoblauch, Zwiebeln und Schinken kurz anschwitzen. Tomaten, Lorbeerblätter, Thymian und Ketschup hinzufügen und offen cremig einkochen. Sardellen abspülen und fein hacken, Chilischoten klein schneiden. Beides mit den Kapern zur Sauce geben und mit Pfeffer abschmecken. Rucola putzen, waschen und in Streifen schneiden. Unter die Sauce rühren und mit den Leberstreifen anrichten.

Dazu passen Makkaroni.

Orangen-Zwiebel-Sauce zu Kalbskutteln

Zutaten: 1 kg vom Metzger vorgekochte Kalbskutteln • 1 Bund Suppengrün in Würfeln • 3 Lorbeerblätter • 1 Zwiebel • 3 Gewürznelken • 1 TL Pimentkörner • 1 TL Pfefferkörner • Salz • 4 EL Zucker • 4 EL Balsamessig • 3 unbehandelte Orangen • 1 unbehandelte Zitrone • 500 g rote Zwiebeln • frisch gemahlener Pfeffer • 60 g kalte Butter

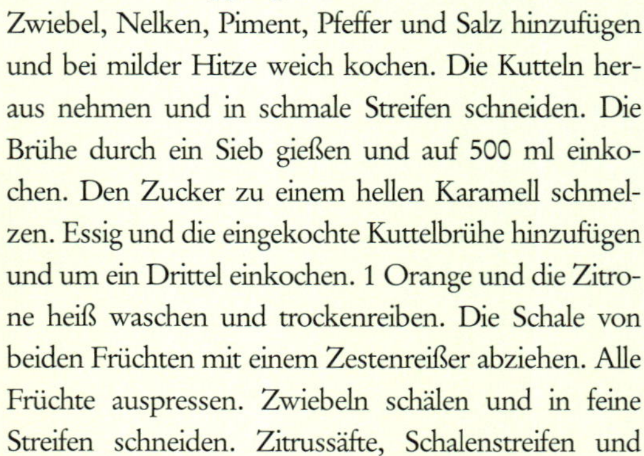

Zubereitung: Die Kutteln waschen und in einem Topf mit Wasser bedecken. Suppengrün, Lorbeerblätter, halbierte Zwiebel, Nelken, Piment, Pfeffer und Salz hinzufügen und bei milder Hitze weich kochen. Die Kutteln heraus nehmen und in schmale Streifen schneiden. Die Brühe durch ein Sieb gießen und auf 500 ml einkochen. Den Zucker zu einem hellen Karamell schmelzen. Essig und die eingekochte Kuttelbrühe hinzufügen und um ein Drittel einkochen. 1 Orange und die Zitrone heiß waschen und trockenreiben. Die Schale von beiden Früchten mit einem Zestenreißer abziehen. Alle Früchte auspressen. Zwiebeln schälen und in feine Streifen schneiden. Zitrussäfte, Schalenstreifen und Zwiebeln zur Brühe geben und 30 Min. offen köcheln lassen. Die Kutteln in der Sauce erhitzen, mit Salz und Pfeffer abschmecken und die Butter in kleinen Stückchen einrühren.

Dazu passt ein körniger Reis.

Mascarpone-Senf-Sauce zu Kalbsherz

ZUTATEN: 750 g Kalbsherz • 1 l Fleischbrühe • 2 geschälte Schalotten • 1 geschälte Knoblauchzehe • 4 EL Butter • 2 EL Mehl • 150 g Mascarpone • 2 EL körniger Senf • 1 EL scharfer Senf • 1 EL süßer Senf • 1 EL Zitronensaft • 2 EL Orangensaft • Salz • frisch gemahlener Pfeffer • 2 EL gehackter Dill

ZUBEREITUNG: Das Fleisch putzen, waschen und in einem Topf mit der Brühe bedecken. Das Herz weich kochen und aus dem Topf nehmen. Die Brühe auf 500 ml einkochen. Das Fleisch in mundgerechte Stücke schneiden. Schalotten und Knoblauch sehr fein würfeln. Butter zerlassen, die Schalotten und den Knoblauch darin anschwitzen, dann das Mehl zugegeben und leicht bräunen. Die Brühe angießen und 10 Min. köcheln lassen. Mascarpone, die verschiedenen Senfsorten und Zitrussäfte einrühren. Die Sauce mit Salz und Pfeffer pikant abschmecken. Das klein geschnittene Herz in der Sauce erhitzen und den Dill einrühren.

TIPP

Nicht nur Kalbsherz, auch Rinderherz, Hähnchen- oder Putenherzen schmecken vorzüglich in dieser Sauce.

Cranberry-Portwein-Sauce zu Reh

ZUTATEN: 800 g ausgelöste Rehschulter • Salz • Pfeffer • 2 EL Öl • 2 klein geschnittene Zwiebeln • 2 geschälte Karotten • 1/2 geschälte Sellerieknolle • 8 Wacholderbeeren • 2 Lorbeerblätter • 5 schwarze Pfefferkörner • 2 Gewürznelken • 5 Pimentkörner • 2 EL Tomatenmark • 1 Flasche kräftiger Rotwein • 800 ml Wildfond • 1 TL Stärke • 100 ml roter Portwein • 100 g kleine Pfifferlinge • 40 g Butter • 1 gehackte Schalotte • 100 g Sahne • Muskatnuss • 1 EL gehackte Petersilie • 2 Scheiben Toastbrot • 4 EL eingekochte Cranberries

ZUBEREITUNG: Fleisch in 3 cm große Stücke schneiden, würzen und in Öl scharf anbraten. Zwiebeln, Gemüse und Gewürze dazugeben, nach etwa 5 Min. das Tomatenmark unterrühren. Mit 250 ml Rotwein ablöschen und vollständig einkochen lassen. Diesen Vorgang dreimal wiederholen. Zugedeckt im Backofen bei 180° C etwa 2 Std. schmoren, ab und zu mit dem Wildfond begießen. Das Fleisch heraus nehmen und die Sauce durch ein feines Sieb passieren. Stärke mit Portwein verquirlen und die Sauce damit binden. Etwa 10 Min. köcheln lassen, dann das Fleisch wieder einlegen. Die Pfifferlinge putzen, in 10 g Butter anbraten. Schalotte dazugeben, mit Sahne sämig einkochen lassen. Würzen und mit der Petersilie verfeinern. Das Toastbrot in 3 cm lange und 1 cm dicke Stifte schneiden und in der restlichen heißen Butter langsam goldgelb braten. Ragout mit Sauce, Toast und Cranberries anrichten.

Rosmarinsauce zu Wildhasenkeulen

ZUTATEN: 4 Wildhasenkeulen • Salz • 1 TL schwarze Pfefferkörner • 4 EL Butterschmalz • 1 Bund Suppengrün in Würfeln • 1 gehackte Knoblauchzehe • 2 gewürfelte Zwiebeln • 400 ml Wildfond • 400 ml Rotwein • 6 Stängel Rosmarin • 1 EL Johannisbeergelee • 100 g kalte Butter • 3 Tomaten

ZUBEREITUNG: Die Wildhasenkeulen häuten, waschen und trockentupfen. 1 TL Salz mit den Pfefferkörnern im Mörser fein reiben und das Fleisch damit einreiben. Butterschmalz in einem Bräter erhitzen und das Fleisch darin rundherum kräftig anbraten. Dann mit dem Wildfond ablöschen. Nach 30 Min. Suppengrün, Knoblauchzehe und Zwiebeln zum Fleisch geben und etwas mitschmoren. Rotwein zugießen, 5 Stängel Rosmarin dazugeben und weitere 30 Min. das Fleisch weich schmoren. Das Fleisch in Alufolie wickeln, den Bratenfond auf etwa 250 ml einkochen und durch ein Sieb streichen. Die Nadeln des restlichen Rosmarinstängels fein hacken und in den Bratenfond streuen, mit Salz abschmecken. Die Butter in Flöckchen einrühren. Die Tomaten kurz in kochendes Wasser tauchen, häuten, entkernen und die Filets in kleine Würfel schneiden. Mit der Sauce mischen und über die Hasenkeulen gießen.

Dazu passen in Butter geschmorte Waldpilze und hausgemachte Spätzle.

Wacholderrahm zu Wildhasenfilet

ZUTATEN: 500 g Wildhasenfilet • 20 Wacholderbeeren • Salz • frisch gemahlener Pfeffer • 200 g dünne Räucherspeckscheiben • 2 EL Sonnenblumenöl • 4 cl Gin • 400 ml Wildfond • 1 Birne • 2 EL Butter • 250 g Crème fraîche

ZUBEREITUNG: Das Fleisch waschen und trockentupfen. 6 Wacholderbeeren im Mörser zerreiben, mit Salz und Pfeffer mischen. Das Fleisch damit einreiben, mit Speck umwickeln und mit Küchengarn befestigen. Das Öl im Bräter erhitzen und das Fleisch darin rundherum anbraten. Mit Gin ablöschen. Das Fleisch 5 Min. schmoren. Den Wildfond angießen und die restlichen Wacholderbeeren zerdrücken und dazugeben. Das Fleisch offen 15 Min. schmoren. Die Birne vierteln, schälen, entkernen und in kleine Würfel schneiden. Die Butter zerlassen und die Birnenwürfel darin bissfest garen. Das Fleisch aus dem Bratenfond nehmen, den Speck entfernen und in Alufolie wickeln. Die Sauce durch ein Sieb gießen. Mit Crème fraîche verrühren und leicht cremig einkochen. Mit Salz und Pfeffer würzen und die Birnenwürfel einrühren. Das Fleisch in der Sauce erhitzen.

Dazu passen in Butter gebratene Austernpilze und kleine in Butter gebratene Kartoffeln.

Marinierte Wildschweinkeule

Zutaten: 1 geschälte Zwiebel • 1 Bund Suppengrün in Würfeln • 2 kg Wildschweinkeule ohne Knochen • 2 Lorbeerblätter • 2 Stängel Thymian • 1 Stängel Rosmarin • 1 Flasche Rotwein • 75 ml Surig Essig-Essenz • 4 EL Butterschmalz • Salz • frisch gemahlener Pfeffer • Saft und Schale von 1 Orange • 1 EL bittere Orangenmarmelade • 200 g Sahne • dunkler Saucenbinder

Zubereitung: Die Zwiebel in dünne Ringe schneiden. Das Fleisch waschen und in eine Schüssel legen. Zwiebelringe, Suppengrün, Lorbeerblätter, 1 Stängel Thymian und Rosmarin dazugeben und mit Rotwein und Essig-Essenz übergießen. Das Fleisch 2–3 Tage marinieren und öfter wenden. Das Fleisch aus der Beize nehmen und trockentupfen. In heißem Butterschmalz rundherum anbraten, mit Salz und Pfeffer würzen. Die Marinade durch ein Sieb gießen. Das Fleisch 2 1/2–3 Std. schmoren. Zwischendurch die Marinade und etwa 125 ml heißes Wasser angießen. Das Fleisch aus dem Bratenfond nehmen und in Alufolie wickeln. Den Fond etwas einkochen, Saft und Schale von der Orange sowie die Orangenmarmelade und die Sahne hinzufügen und wieder etwas einkochen. Mit Saucenbinder binden. Die restlichen Thymianblättchen in die Sauce streuen.

Dazu schmecken Rosenkohl und glasierte Maronen.

Pfeffersauce zu Lammsattel

Zutaten: 800 g Lammsattel, ohne Knochen • Salz • 3 TL geschroteter Pfeffer • 2 EL Olivenöl • 100 g kalte Butter • 4 Stängel Thymian • 100 g Zuckerschoten • 1 Bund junge Karotten • 2 Kohlrabi • 12 kleine Zwiebeln • 400 ml Lammfond • frisch gemahlener Pfeffer • 1 Bund gehackte Petersilie

Zubereitung: Das Fleisch mit Salz und geschrotetem Pfeffer einreiben, das Öl erhitzen und das Fleisch darin rundherum anbraten. Aus der Pfanne nehmen und abkühlen lassen. Ein Stück Alufolie mit etwas Butter einstreichen, das Fleisch mit den Thymianstängeln darauf legen und einwickeln. In der Zwischenzeit das Gemüse putzen, schälen und in mundgerechte Stücke teilen, nacheinander in Salzwasser bissfest garen, in eiskaltem Wasser abschrecken und abtropfen lassen. Das verpackte Fleisch in kochendes Wasser legen, Topf zur Seite ziehen und etwa 8 Min. ziehen lassen. Den Lammfond zur Hälfte einkochen lassen. Die klein geschnittene Butter stückchenweise mit dem Mixstab unterschlagen. Das Gemüse in die Sauce geben, mit Salz und reichlich Pfeffer würzen, mit Petersilie verfeinern. Das Fleisch aus der Folie nehmen und schräg in dünne Scheiben schneiden.

Dazu passen Röstkartoffeln mit Thymian, Rosmarin und Lorbeerblättern.

Oliven-Thymian-Butter zu Lamm

ZUTATEN: 12 einfache Lammkoteletts • 1 rote Chilischote • 1 Stängel Rosmarin • 6 Stängel Thymian • 4 Knoblauchzehen • 8 EL Olivenöl • 80 g weiche Butter • 80 g schwarze Oliven, ohne Stein • 1/2 TL geriebene Zitronenschale von einer unbehandelten Frucht • 1 EL gehackte Petersilie • Salz • frisch gemahlener Pfeffer

ZUBEREITUNG: Die Lammkoteletts waschen und trockentupfen. Chilischote, Rosmarin und die Hälfte des Thymians klein schneiden. 2 Knoblauchzehen in Scheiben schneiden. Alles mit Olivenöl mischen und die Lammkoteletts damit beidseitig einreiben. 12–24 Std. durchziehen lassen. In der Zwischenzeit die Butter schaumig aufschlagen. Oliven in kleine Würfel schneiden. Butter mit Oliven, Zitronenschale, Petersilie, dem restlichen gehackten Knoblauch und den restlichen Thymianblättchen mischen, mit Salz und Pfeffer würzen. Zu einer Rolle formen, in Pergamentpapier wickeln und kühl stellen. Lammkoteletts in einer heißen Grillpfanne auf beiden Seiten etwa 2 Min. braten. Die Butter in Scheiben schneiden und auf den Lammkoteletts servieren.

Als Beilage eignen sich Ratatouillegemüse, gebratene Zucchini oder einfach nur ein angemachter gemischter Salat mit knusprigem Baguette.

Hähnchencurry

ZUTATEN: 1 Poularde • Fischsauce • 2 EL gelbe Currypaste • 2 EL Palmzucker oder brauner Zucker • 500 ml Kokosmilch • 1 Prise Safranpulver • 4 Lorbeerblätter • 1 rote, gehackte Chilischote • 4 geschälte Knoblauchzehen • 12 kleine, geschälte weiße Zwiebeln • 1 Babyananas • 2 Stängel Zitronengras • Salz • Kreuzkümmelpulver • 1 EL rote Pfefferkörner

ZUBEREITUNG: Die Poularde in 12 Stücke teilen, waschen und trockentupfen. Das Fleisch auf eine Platte legen und mit etwas Fischsauce beträufeln. Inzwischen die Currypaste mit Palmzucker oder braunem Zucker und 100 ml Kokosmilch bei milder Hitze glatt rühren. Die restliche Kokosmilch, Safran, Lorbeerblätter und Chili hinzufügen. Knoblauch und Zwiebeln längs halbieren. Beides mit den Poulardenteilen zur Kokosmilch geben und bei milder Hitze 10 Min. garen. Die Ananas schälen und klein schneiden. Den unteren Teil des Zitronengrases in feine Scheiben schneiden. Ananas und Zitronengras zum Huhn geben und alles in etwa 25 Min. garen. Das Curry mit Fischsauce, Salz, Kreuzkümmel und roten Pfefferkörnern abschmekken.

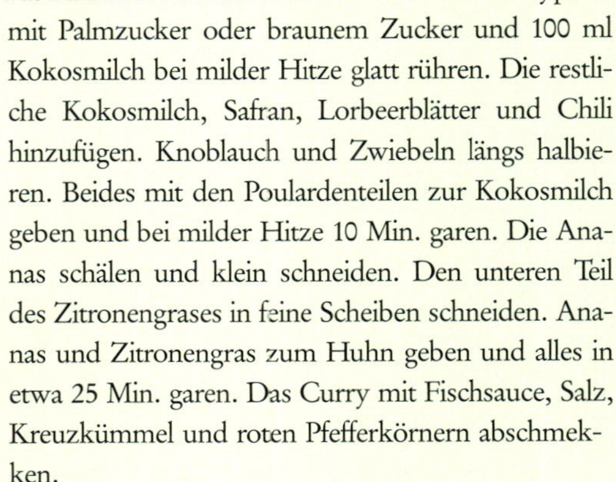

Dazu passt ein körniger Reis.

Erdnusssauce mit Satéspießen

ZUTATEN: 500 g Hähnchenbrustfilet • 2 geschälte Zwiebeln • 3 geschälte Knoblauchzehe • 1 TL gehackter Ingwer • 4–6 EL süße Sojasauce • frisch gemahlener Pfeffer • Erdnussöl • dunkles Sesamöl • 3 geschälte Schalotten • 2 EL Sojaöl • 175 g Erdnusscreme • 1 EL Sambal oelek • 1 EL Sojasauce • 1 TL Zucker • Salz • 2 EL Surig Essig-Essenz • 1 rote, gehackte Cilischote • 1 Limette in Scheiben

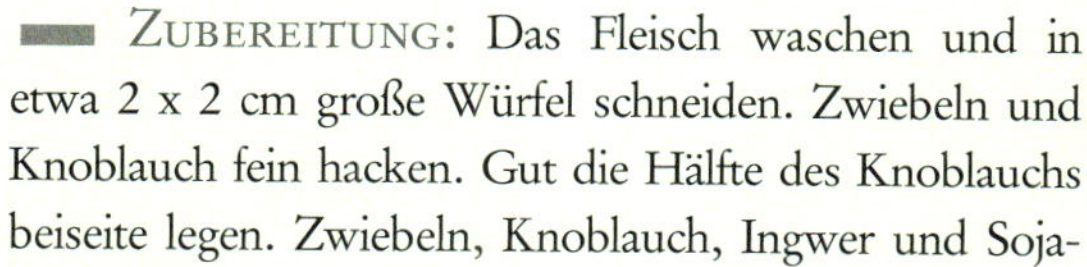

ZUBEREITUNG: Das Fleisch waschen und in etwa 2 x 2 cm große Würfel schneiden. Zwiebeln und Knoblauch fein hacken. Gut die Hälfte des Knoblauchs beiseite legen. Zwiebeln, Knoblauch, Ingwer und Sojasauce mischen. Mit reichlich Pfeffer würzen und das Fleisch darin 2–4 Std. durchziehen lassen. Jeweils 5 Fleischstücke auf Holzspieße stecken. Etwas Öl in einer Grillpfanne erhitzen und die Spieße rundherum in etwa 8 Min. goldbraun braten. Mit einigen Tropfen Sesamöl beträufeln. Die Schalotten sehr fein würfeln. Mit dem restlichen Knoblauch in heißem Sojaöl anschwitzen. 250 ml Wasser, Erdnusscreme, Sambal oelek, Sojasauce, Zucker, etwas Salz und die Essig-Essenz einrühren und glatt rühren. Die Sauce einmal aufkochen. Die Satespieße mit etwas Chili bestreuen, die Limettenscheiben und die Sauce dazu reichen.

Dazu passen knusprige Reistaler.

Körnige Senfsauce zu Geflügelhackbällchen

ZUTATEN: 500 g Hähnchenbrustfilet • 1 Beutel Knorr Fix für Hackbraten • 100 g Doppelrahmfrischkäse • etwas geriebene Zitronenschale • Mazola Keimöl • 4 geschälte Schalotten • 150 ml Knorr Hühner-Kraftbouillon • 150 g Sahne • 3 EL körniger Senf • heller Fix-Saucenbinder • Salz • frisch gemahlener Pfeffer • Zitronensaft

ZUBEREITUNG: Das Fleisch waschen, trockentupfen und durch den Fleischwolf drehen. Mit Fix für Hackbraten, Frischkäse und Zitronenschale verkneten. Mit feuchten Händen 8 Bällchen formen. Etwas Keimöl in einer Pfanne erhitzen und die Bällchen darin rundherum goldbraun braten. Für die Sauce die Schalotten fein würfeln und im Bratfett anschwitzen. Brühe und Sahne angießen und etwas einkochen lassen. Den Senf einrühren und die Sauce nach Belieben mit etwas Saucenbinder binden. Mit Salz, Pfeffer und Zitronensaft pikant abschmecken.

Dazu passen gedünstete Kohlrabischeiben und junge Möhren.

Lauchcremesauce zu Putenrouladen

Zutaten: 2 Stangen Lauch • Fondor • 4 Putenschnitzel • Maggi Würzmischung 1 • 100 g Doppelrahmfrischkäse • 2 EL Sonnenblumenöl • 2 EL Weißwein • 200 g Sahne • 1 Beutel Maggi Meisterklasse Lauch-Cremesuppe • frisch geriebene Muskatnuss

Tipp

Statt Lauch die gleiche Menge Champignons und Champignoncremesuppe für die Sauce verwenden.

Zubereitung: Den Lauch putzen und nur den hellen Teil in schmale Streifen schneiden. Den Lauch gründlich waschen und in wenig Wasser mit etwas Fondor 2 Min. kochen. In einem Sieb abtropfen lassen, 400 ml Kochwasser auffangen. Die Schnitzel waschen und trockentupfen. Mit der Würzmischung bestreuen und den Frischkäse darauf streichen. Gut die Hälfte des Lauchs darüber streuen und aufrollen. Die Rouladen mit Holzspießchen oder Garn fixieren. Den Backofen auf 200° C vorheizen. Die Rouladen in heißem Öl 5 Min. anbraten. Die aufgefangene Gemüsebrühe, Weißwein und Sahne angießen. Die Lauch-Cremesuppe und etwas Muskatnuss einrühren. Die Rouladen in der cremigen Sauce offen im Backofen 20 Min. garen. Den restlichen Lauch darüber streuen und weitere 20 Min. garen.

Dazu passen neue Kartoffeln.

Kerbel-Senf-Sauce zu gefüllter Putenbrust

Zutaten: 40 g Pinienkerne • 200 g getrocknete, gewürfelte Aprikosen • 1 Bund gehackte Petersilie • 4 EL körniger Senf • 7 TL Surig Essig-Essenz • 2 EL Paniermehl • 1 Ei • 1 kg Putenbrust • 1 Bund Suppengrün in Würfeln • 1 Bund Thymian • 250 ml Weißwein • 1 TL geschroteter Pfeffer • Salz • 4 EL Butterschmalz • 250 ml Fleischbrühe • 150 g Sahne • heller Saucenbinder • 1 Bund gehackter Kerbel

Zubereitung: Die Pinienkerne leicht rösten, ein paar beiseite legen. Pinienkerne mit Aprikosen, Petersilie, 2 EL Senf, 1 TL Essig-Essenz, Paniermehl und Ei verrühren. In das Fleisch eine Tasche schneiden, füllen und mit Holzspießchen feststecken. Suppengrün mit grob gehacktem Thymian, Weißwein, Pfeffer und der restlichen Essig-Essenz mischen. Die Putenbrust darin 3–5 Std. marinieren. Das Fleisch trockentupfen, die Marinade durch ein Sieb gießen. Fleisch salzen und in heißem Butterschmalz rundherum anbraten. Mit Brühe und Marinade ablöschen. 60–70 Min. garen. Fleisch in Alufolie wickeln. Den Bratenfond mit dem restlichen Senf und Sahne aufkochen und etwas einkochen. Mit Saucenbinder leicht binden und den Kerbel einrühren. Das Fleisch aufschneiden und mit den restlichen gehackten Pinienkernen bestreuen.

Dazu passen junge Möhren, Zuckerschoten und Kartoffeln.

Champignon-Rotwein-Sauce zu Putenschnitzeln

ZUTATEN: 4 Putenschnitzel • Salz • frisch gemahlener Pfeffer • 4 Scheiben Schinkenspeck • 1 TL Tomatenmark • 4 EL gehackte Petersilie • Keimöl • 4 rote, geschälte Zwiebeln • 1 geschälte Knoblauchzehe • 4 EL Butter • 400 g kleine braune Champignons • 250 ml Rotwein • 1 Doppelpack Knorr Sauce zu Geflügel

ZUBEREITUNG: Das Fleisch waschen und trockentupfen. Mit Salz und Pfeffer würzen. Jeweils mit 1 Schinkenspeckscheibe belegen. Mit Tomatenmark bestreichen und mit Petersilie bestreuen. Schnitzel einmal zusammenklappen und mit einem Holzspießchen fest stecken. In heißem Öl beidseitig goldbraun braten. Die Zwiebeln in schmale Streifen schneiden. Knoblauch fein hacken. Beides in der Butter anschwitzen. Champignons putzen und in dünne Scheiben schneiden. Zu den Zwiebeln geben und kurz schmoren. Rotwein und die gleiche Menge Wasser angießen und 5 Min. sprudelnd kochen. Saucenpulver einrühren und einige Min. köcheln lassen.

Dazu passt ein pikanter Kartoffelsalat.

Koriander-Pflaumen-Sauce zu marinierter Entenbrust

ZUTATEN: 2 geschälte Knoblauchzehen • 100 ml Sojasauce • 100 ml trockener Sherry • 100 g Honig • 2 Entenbrustfilets • 2 EL Sonnenblumenöl • 1 EL Erdnussöl • 4 zerstoßene Koriandersamen • Gewürznelkenpulver • Zimt • 3 EL Balsamessig • 1 EL Zitronensaft • 4–5 EL Pflaumenmus • Salz • frisch gemahlener Pfeffer • 4 goldene, geschälte Kiwis

ZUBEREITUNG: Den Knoblauch durch die Presse drücken. Mit Sojasauce, Sherry und Honig verrühren. Das Fleisch waschen, trockentupfen und mit der Marinade in einen Gefrierbeutel legen. 24 Std. durchziehen lassen. Den Backofen auf 170° C vorheizen. Das Öl erhitzen, abgetropfte Entenfilets salzen und pfeffern. Auf der Hautseite 5 Min. braten, wenden und für 15–20 Min. in den heißen Ofen schieben. Das Erdnussöl mit Koriander kurz rösten, jeweils 1 gute Msp Nelkenpulver und Zimt, Essig, Zitronensaft und Pflaumenmus einrühren. Cremig einkochen. Fleisch und Kiwis in Scheiben schneiden.

Dazu passen gekochte Kartoffelknödel.

Orangensauce zu Entenbraten

Zutaten: 1 Ente, etwa 2 kg • Salz • frisch gemahlener Pfeffer • 1 Bund Thymian • 4 EL Butterschmalz • 800 ml Entenfond • 4 rote, gehackte Zwiebeln • 1 Bund Suppengrün in Würfeln • 3 unbehandelte Orangen • 6 Kumquats (Zwergorangen) • dunkler Saucenbinder • 2 cl Orangenlikör

Zubereitung: Die Ente in 8 bis 12 Teile hacken, waschen und trockenreiben. Alle Teile mit Salz und Pfeffer einreiben. Thymianblättchen von den Stielen zupfen. Backofen auf 180° C vorheizen. Die Ententeile in einem Bräter in heißem Butterschmalz rundherum anbraten und im Ofen 30 Min. schmoren. 250 ml heißes Wasser, Thymian, die Hälfte des Fonds, Zwiebeln und Suppengrün zufügen und weitere 30 Min. garen. Orangen waschen, trockenreiben und die Schale von 1 Frucht mit einem Zestenreißer abziehen. 2 Früchte auspressen, die dritte Frucht sorgfältig schälen und die Filets lösen. Kumquats halbieren und entkernen. Orangenschale in wenig Saft weich kochen. Orangensaft und restlichen Fond zur Ente geben und weitere 40–50 Min. garen. Die Ententeile in Alufolie wickeln, die Sauce durch ein Sieb streichen, Kumquats hinzufügen und die Sauce etwas einkochen, mit Saucenbinder leicht binden. Mit Salz und Pfeffer abschmecken. Orangenschale, -filets und -likör sowie die Ententeile dazugeben und noch einmal erhitzen.

Dazu passt Wildreis mit Rosenkohl.

Calvados-Apfel-Sauce zu Perlhuhnbrust

Zutaten: 4 Perlhuhnbrüste, gehäutet • 2 EL flüssige Butter • Salz • frisch gemahlener Pfeffer • 1 TL frische Rosmarinnadeln • 2 EL Butterschmalz • 2 Äpfel • 4 geschälte Zwiebeln • 400 ml Geflügelfond • 4 cl Calvados • 4 EL geschlagene Sahne

Zubereitung: Das Fleisch waschen und trockentupfen. Die Butter mit Salz, Pfeffer und Rosmarin mischen und das Fleisch damit bestreichen. Butterschmalz erhitzen und die Perlhuhnbrüste darin auf jeder Seite 1 Min. braten. Das Fleisch heraus nehmen und in Alufolie wickeln. Die Äpfel vierteln, schälen und entkernen. Ein Viertel in winzige Würfel schneiden, den Rest grob würfeln. Zwiebeln in schmale Streifen schneiden. Eine halbe Zwiebel ebenfalls in winzige Würfel schneiden und zu den kleinen Apfelwürfeln geben, beiseite stellen. Zwiebeln und Äpfel in dem Bratfett weich schmoren. Geflügelfond hinzugießen und um ein Drittel einkochen. Alles mit dem Mixstab pürieren, mit Calvados, Salz und Pfeffer abschmecken. Das Fleisch mit den zurückgelegten Zwiebel- und Apfelwürfeln in die Sauce geben und 3 Min. köcheln lassen. Das Fleisch auf vorgewärmten Tellern anrichten und die Sahne unter die Sauce heben.

Dazu schmecken goldgelb gebratene Polenta- oder Grießtaler.

Wacholdersauce zu gegrillten Wachteln

ZUTATEN: 8 Wachteln • 1/2 Baguette • 200 g durchwachsener Speck • Salz • frisch gemahlener Pfeffer • 2 Stängel Rosmarin • 4 Stängel Petersilie • 1/2 Bund frischer Lorbeer • 2 EL Olivenöl • 6 EL Butter • 400 ml Geflügelfond • 3 gemahlene Wacholderbeeren

ZUBEREITUNG: Die Wachteln waschen und trockentupfen. Baguette in 6 Scheiben von etwa 2 cm Stärke schneiden. Speck von Knorpel und Schwarte befreien und quer in fingerdicke Scheiben schneiden. Backofen auf 190° C vorheizen. Wachteln von innen und außen mit Salz und Pfeffer würzen. Den Bauch der Wachteln mit Rosmarin und Petersilie füllen. Speck, Lorbeerblätter, Brotscheiben und Wachteln nacheinander auf lange Holzspieße stecken. Olivenöl und 2 EL Butter in einer Pfanne erhitzen und die Wachtelspieße darin von allen Seiten anbraten. Im Backofen in etwa 20 Min. fertig garen. Die Wachteln dabei immer wieder mit dem sich bildenden Bratensaft begießen. Wachteln aus dem Ofen nehmen und in Alufolie wickeln. Bratensatz mit dem Geflügelfond ablöschen, etwas einkochen lassen und mit der restlichen Butter binden. Mit Salz, Pfeffer und geriebenen Wacholderbeeren würzen. Wachteln bei starker Oberhitze 2 Min. grillen und mit der Wacholdersauce anrichten.

Artischocken-Tomaten-Sauce zu Kaninchen

Zutaten: 1 küchenfertiges Kaninchen • Salz • frisch gemahlener Pfeffer • 4 Artischocken • Zitronensaft • 750 g Tomaten • 2 geschälte Möhren • 1 Stange Staudensellerie • 2 geschälte Zwiebeln • 4 EL Butter • 6 Knoblauchzehen, in der Schale angedrückt • 2 Stängel Thymian • 1 Stängel Rosmarin

Zubereitung: Kaninchen in 8 Stücke teilen, waschen und trockentupfen. Mit Salz und Pfeffer würzen. Die holzigen und harten äußeren Blätter der Artischocken entfernen. Die übrigen Blätter von den Spitzen befreien. Das Innere – »Heu« genannt – mit einem Löffel oder einem Kugelausstecher herauslösen. Artischocken vierteln und sofort in kaltes Zitronenwasser geben. Tomaten von den Stielansätzen befreien und würfeln. Möhren und Sellerie in etwa 5 cm lange Stücke schneiden. Zwiebeln grob würfeln. Backofen auf 170° C vorheizen. Bräter mit

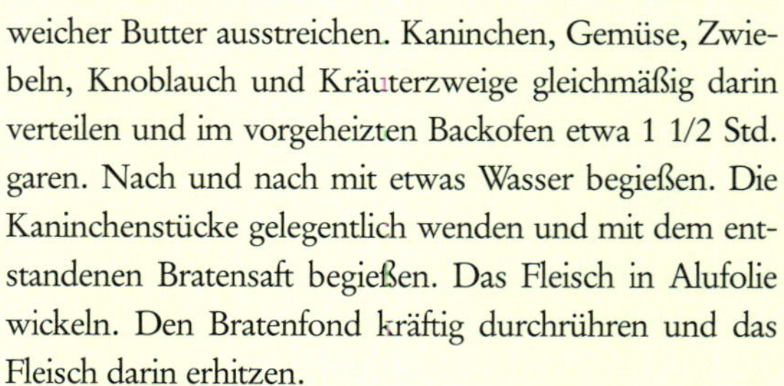

weicher Butter ausstreichen. Kaninchen, Gemüse, Zwiebeln, Knoblauch und Kräuterzweige gleichmäßig darin verteilen und im vorgeheizten Backofen etwa 1 1/2 Std. garen. Nach und nach mit etwas Wasser begießen. Die Kaninchenstücke gelegentlich wenden und mit dem entstandenen Bratensaft begießen. Das Fleisch in Alufolie wickeln. Den Bratenfond kräftig durchrühren und das Fleisch darin erhitzen.

Dazu passen breite Bandnudeln.

Mole zu Truthahn

Zutaten: 1 Truthahn, etwa 4 kg • Salz • frisch gemahlener Pfeffer • 75 g weiche Butter • 1 Chili chipotle • 3 Chili anchos • 8 Chili mulatos • 1 Chili pasillas • 1 gehackte Zwiebel • 5 gehackte Knoblauchzehen • 125 g Schweineschmalz • 4 gehackte Tomaten • 1 kleine Banane • 50 g gehäutete Mandeln • 75 g Erdnüsse • 50 g Kürbiskerne • 75 g Rosinen • 75 g Backpflaumen, ohne Stein • 400 ml Hühnerbrühe • 1 Tortilla • 1/2 altbackenes Brötchen • Kreuzkümmel • Anispulver • Zimt • Pimentpulver • Korianderpulver • 50 g Herrenschokolade • Zucker

Zubereitung: Truthahn mit weicher Butter einreiben und innen und außen mit Salz und Pfeffer bestreuen. Im Ofen 200° C 2 1/2–3 Std. braten. Zwischendurch öfter wenden und mit Bratenfond begießen. Chilis in lauwarmem Wasser 50 Min. einweichen, aufschneiden, Kerne entfernen, Chilies klein schneiden. Zwiebeln und Knoblauch in heißem Schmalz anschwitzen, Tomaten, Banane, Mandeln, Erdnüsse, Kürbiskerne, Rosinen, Backpflaumen, Chilis und 300 ml Brühe zugeben und 15 Min. offen köcheln lassen. Tortilla in einer Pfanne fettfrei stark rösten. Brötchen würfeln. Beides zur Sauce geben, einmal kräftig durchkochen, pürieren und durch ein Sieb streichen. Die Mole mit je 1 großen Msp der Gewürzpulver abschmecken und die Schokolade darin schmelzen lassen. Mit Salz, Pfeffer und Zucker abschmecken. Bei Bedarf mit der restlichen Brühe verdünnen.

Saucen für Fisch & Meeresfrüchte

Erst schwimmen die Fische munter im Wasser, warum sollten sie nicht auch in einer feinen Sauce schwimmen, um unseren Gaumen zu erfreuen? Fisch, insbesondere Seefisch, ist sehr gesund. Meeresfrüchte schmecken vorzüglich und lassen sich vielfältig und schnell zubereiten. Wie wäre es mit einer Garnelen-Butter-Sauce oder einer Sauerampfersauce zu Lachs? Erinnern Sie sich an die eingelegten Bratheringe Ihrer Jugendzeit? Hier finden Sie das Rezept. Wir haben die köstlichsten Saucen zu unseren beliebten Seefischen, aber auch zu Zander, Tunfisch, Sardinen, Wolfsbarsch, Tintenfisch, Muscheln und natürlich zu den begehrten Garnelen komponiert.

Mango-Minz-Sauce zu Kabeljauspießen

ZUTATEN: 800 g Kabeljaufilet • Lorbeerblätter • 1 unbehandelte Zitrone • 8 EL Olivenöl • Salz • frisch gemahlener Pfeffer • 6 Stängel Pfefferminze • 1 Mango • 100 ml Maracujanektar • 1 TL rote Pfefferkörner

ZUBEREITUNG: Den Fisch waschen und trockentupfen. In etwa 3 x 3 cm große Würfel schneiden und abwechselnd mit Lorbeerblättern auf Spieße stecken. Die Zitronen heiß waschen und trockenreiben. Schale mit einem Zestenreißer abziehen. Die Frucht auspressen. Die Hälfte des Zitronensafts mit der Hälfte des Öls, Salz und Pfeffer mischen. Die Fischspieße damit bestreichen. Das restliche Öl in einer Pfanne erhitzen und die Spieße darin rundherum etwa 10 Min. braten. Die Pfefferminzblätter in schmale Streifen schneiden. Die Mango schälen, vom Stein schneiden und mit dem Nektar erhitzen und pürieren. Mit Minze, Salz, Pfeffer, Zitronensaft, Schale und zerdrückten roten Pfefferkörnern mischen.

Dazu schmeckt Curryreis.

Tomaten-Estragon-Sauce zu Kabeljau

ZUTATEN: 800 g Kabeljaufilet • Zitronensaft • Kräutersalz • frisch gemahlener Pfeffer • 3 EL Butter • 2 gehackte Schalotten • 1 gehackte Knoblauchzehe • 2 EL getrockneter Dill • 125 ml Weißwein • 2 Lorbeerblätter • 1 Dose Pizzatomaten • 2 EL Tomatenmark • 2 gehäutete und entkernte Tomaten • 4 EL gehackter Estragon • 2 EL Olivenöl • 300 g tiefgefrorene Erbsen

ZUBEREITUNG: Den Fisch waschen und trockentupfen. Mit Zitronensaft, Salz und Pfeffer einreiben. Fischfilet in 8 Stücke schneiden. 2 EL Butter in einem flachen Topf zerlassen, Schalotten, Knoblauch, Dill, Wein und Lorbeerblätter dazugeben und erhitzen. Den Fisch in den Sud legen und im geschlossenen Topf 8–10 Min. garen. Den Fisch in Alufolie wickeln. Den Sud durch ein Sieb streichen. Pizzatomaten und Tomatenmark hinzufügen und cremig einkochen. Tomatenfilets in schmale Streifen schneiden und zur Sauce geben. Mit Kräutersalz, Pfeffer, Estragon und Öl abschmecken. Erbsen in wenig Salzwasser garen und mit der restlichen Butter verfeinern.

Dazu passen in Butter geschwenkte Nudeln.

Oliven-Oregano-Sauce zu Kabeljau

Tipp

Im Sommer kann diese Zubereitung auch auf dem Gartengrill gegart werden. In diesem Fall wird die Alufolie nicht verschlossen.

Zutaten: 800 g Kabeljaufilet • Zitronensaft • Knoblauchsalz • Salz • frisch gemahlener Pfeffer • 8 EL Olivenöl • 4 EL Orangensaft • 1 gehackte Knoblauchzehe • 4 EL frische Oreganoblätter • 4 Tomaten • 1 Aubergine • 4 Stängel Thymian • 12 schwarze Oliven, ohne Stein

Zubereitung: Den Fisch waschen und trockentupfen. Mit Zitronensaft, Salz und Pfeffer einreiben. 4 Bogen Alufolie mit etwas Öl einstreichen. Restliches Öl mit Orangensaft, Oreganoblättern und Knoblauch verrühren, mit Salz und Pfeffer würzen. Den Backofen auf 200° C vorheizen. Tomaten und Aubergine waschen und Stielansätze entfernen. Beides in Scheiben schneiden und auf die Alufolie legen. Oliven in Streifen schneiden. Fisch, Thymian und Oliven über das Gemüse legen. Das gewürzte Öl darüber gießen und die Päckchen verschließen. Im heißen Backofen 20–30 Min. garen.

Dazu passt ofenfrisches Baguette.

Koriander-Zitronen-Sauce zu Fischspießen

ZUTATEN: 500 g Goldbarschfilet • 400 g Schollenfilets • 2 EL Sonnenblumenöl • 2 EL trockener Sherry • 3 EL Fischsauce • 2 EL süße Sojasauce • 4 EL salzige Sojasauce • 1 gehackte Knoblauchzehe • 1 TL zerdrückte Koriandersamen • 1/2 TL Kurkuma • 1 rote, gehackte Chilischote • Saft und Schale von 1 Limette • 2 gehackte Schalotten • 2 EL Butter • 250 ml Fischfond • 1 EL heller Saucenbinder • 250 g Mascarpone • Saft und Schale von 1 Zitrone • Salz • frisch gemahlener Pfeffer • Zucker •

ZUBEREITUNG: Den Fisch waschen und trockentupfen, Goldbarsch in 3 x 3 cm große Würfel schneiden. Sonnenblumenöl, Sherry, Fischsauce, Sojasaucen, Knoblauch, Koriander, Kurkuma, Chili, Limettensaft und -schale verrühren. Die Schollenfilets damit bestreichen, aufrollen und einmal quer durchschneiden. Fischwürfel und Fischröllchen abwechselnd auf 4 Stieße stecken, in eine feuerfeste Form legen und mit der restlichen Marinade begießen. 30 Min. kühl stellen. Ofen auf 180° C vorheizen. Fischspieße darin 10–15 Min. backen. Schalotten in heißer Butter anschwitzen, Fischfond dazugeben und etwas einkochen. Mit Saucenbinder andicken. Mascarpone, Zitronensaft und -schale einrühren. Mit Salz, Pfeffer und Zucker abschmecken. Fisch auf Tellern verteilen und die heiße Sauce separat dazu reichen.

TIPP

Für Fischspieße können alle festfleischigen Fische und Garnelen verwendet werden. Wer mag, kann auch vorgegartes Gemüse wie Möhren, Zucchini, Auberginen, Zwiebeln und rohe Tomaten mit auf die Spieße stecken.

Kerniger Fischauflauf

Zutaten: 400 g Kabeljaufilet • 3 EL flüssige Butter • 3 EL Köllns Echte Kernige Haferflocken • 250 g gekochte Spargelstücke • 100 g Grönlandkrabben • 100 g Muschelfleisch • 3 TL Kölln Instant Flocken • 50 ml Spargelbrühe • 100 g saure Sahne • Salz • frisch gemahlener Pfeffer • 4 EL gehackte Petersilie • 100 g geriebener Emmentaler • Butterflöckchen

Zubereitung: Den Fisch waschen und trockentupfen. Eine feuerfeste Form mit etwas Butter einfetten und mit 1 EL Kernigen Haferflocken ausstreuen. Fisch in mundgerechte Stücke schneiden. Mit Spargel, Krabben und Muscheln in die Form legen. Den Backofen auf 200° C vorheizen. Restliche Butter zerlassen und die Instant Flocken einrühren. Mit der Spargelbrühe ablöschen. Saure Sahne dazugeben und mit Salz, Pfeffer und Petersilie abschmecken. Die Sauce über den Fisch gießen und mit den restlichen Haferflocken, Käse und Butterflöckchen bestreuen. 15–20 Min. im heißen Backofen überbacken.

Dazu schmeckt ein Gurkensalat mit saurer Sahne und viel gehacktem Dill.

Tomaten-Paprika-Sauce zu Kabeljausteaks

ZUTATEN: 4 Kabeljausteaks • 1 TL Limettensaft • 250 g Tomaten • 5 EL Ajvar • 1 TL Sojasauce • 1 EL Tomatenmark • Sambal oelek • Zucker • Salz • frisch gemahlener Pfeffer • 2 EL Butter

ZUBEREITUNG: Den Kabeljau abspülen und mit Küchenkrepp abtupfen. Auf einen Teller legen, mit Limettensaft beträufeln und ca. 20 Min. mit Folie bedeckt im Kühlschrank durchziehen lassen. Die Tomaten häuten, vierteln und entkernen. Tomatenviertel in Würfel schneiden und zusammen mit Ajvar, Sojasauce und Tomatenmark in den Mixer geben. Auf hoher Stufe zu Püree mixen. Das Püree mit Sambal oelek, Zucker, Salz und Pfeffer abschmecken. Die Butter in einer großen Pfanne erhitzen, Kabeljausteaks hineinlegen. Einen Deckel aufsetzen und den Fisch gar dünsten; dabei einmal wenden. Kurz vor Ende der Garzeit etwa 2 Min. ohne Deckel braten. Kabeljausteaks vor dem Servieren salzen, pfeffern und mit dem kalten Tomatenpüree anrichten.

Dazu schmeckt kräftiges Weißbrot mit Knoblauchbutter.

TIPP

Heiß und kalt vereint: Zum heißen Fisch gibt es eine kalte herzhafte Sauce aus Tomaten und Ajvar, dem fertig gekauften Paprikapüree.

Eingelegte Bratheringe

Zutaten: 1 kg küchenfertige Heringe • 6 EL Mehl • Salz • frisch gemahlener Pfeffer • Sonnenblumenöl • 100 g rote, geschälte Zwiebeln • 40 g gehackter Ingwer • 2 rote Chilischoten, in Ringen • 250 ml Apfelwein • 5 EL Surig Essig-Essenz • 10 zerdrückte Wacholderbeeren • 3 TL Korianderkörner • 1–2 EL brauner Zucker

Zubereitung: Die Fische waschen und trockentupfen. Mehl mit Salz und reichlich Pfeffer mischen und die Fische darin wälzen. In heißem Öl beidseitig goldbraun braten. Auf Küchenpapier entfetten und in eine weite Form legen. Zwiebeln in Ringe schneiden, mit Ingwer, Chili, Apfelwein, Essig-Essenz, 250 ml Wasser, Wacholderbeeren, Korianderkörnern, Salz und etwas Zucker 3 Min. sprudelnd kochen. Mit Salz, Pfeffer und Zucker kräftig abschmecken und leicht abgekühlt über die Heringe gießen. Abgedeckt im Kühlschrank 1–2 Tage durchziehen lassen.

Dazu schmecken knusprige Bratkartoffeln und ein Kopfsalat.

Marinierter Heilbutt

Zutaten: 4 Heilbuttkoteletts • Salz • frisch gemahlener Pfeffer • 2 unbehandelte Zitronen • 1 geschälte Knoblauchzehe • 1 Bund gehackte Petersilie • 6 EL Olivenöl • 6 EL Butter • 5 geschälte Schalotten • 2 EL kleine Kapern

Zubereitung: Den Fisch waschen und trockentupfen. Mit Salz und Pfeffer einreiben. Zitronen heiß waschen und trockentupfen. Die Schale von 1 Frucht mit einem Zestenreißer abziehen, diese Frucht auspressen, die andere Zitrone in dünne Scheiben schneiden. Knoblauch durch die Presse drücken. Mit Zitronensaft und Zitronenschale, Petersilie und 3 EL Öl mischen. Den Fisch damit bestreichen und in eine feuerfeste Form legen. Die Butter zerlassen und die Schalotten darin kurz anschwitzen. Restliches Öl und Kapern hinzufügen. Die Zitronenscheiben auf die Fischkoteletts legen, die Schalotten mit dem Fett darüber geben. Abgedeckt 2 Std. im Kühlschrank durchziehen lassen. Den Backofen auf 200° C vorheizen. Den Fisch 20–25 Min. im heißen Ofen garen.

Dazu passt italienisches Weißbrot und Tomatensalat mit etwas Knoblauch und Rucola.

Käse-Sahne-Sauce zu Seelachs

Zutaten: 800 g Seelachsfilet • Zitronensaft • Salz • frisch gemahlener Pfeffer • 500 g Fleischtomaten • 2 geschälte Zwiebeln • 2 geschälte Knoblauchzehen • 4 EL Butter • 4 EL gehackte Petersilie • 1 TL frische Thymianblättchen • 1 TL frische Majoranblättchen • 60 g Paniermehl • 100 g geriebener Pecorino • 100 g Crème fraîche • 150 g Sahne

Zubereitung: Den Fisch waschen, trockentupfen und in große Stücke teilen. Mit Zitronensaft begießen und mit Salz und Pfeffer bestreuen. Tomaten waschen und Stielansätze entfernen. Tomaten in dicke Scheiben schneiden. Zwiebeln in Ringe schneiden, Knoblauch fein hacken. Backofen auf 200° C vorheizen. Eine feuerfeste Form dick mit Butter einfetten. Tomatenscheiben, Zwiebeln, Knoblauch und Kräuter in die Form legen. Mit Salz und Pfeffer bestreuen. Fisch darüber legen. Paniermehl mit der Hälfte des Käses, Salz und Pfeffer verkneten. Diese Masse auf die Fischstücke streichen. Restlichen Käse mit Crème fraîche und Sahne erwärmen, mit Salz und Pfeffer würzen. Sauce über die Fische gießen und im heißen Backofen 15–20 Min. überbacken.

Dazu passt eine große Schüssel mit gemischtem Salat und einer Kräutersauce.

Grüne Spargelsauce zu Lachs

Zutaten: 500 g grüner Spargel • 500 ml Gemüsebrühe • 200 g Sahne • 2 EL Crème double • 100 ml trockener Weißwein • Salz • frisch gemahlener Pfeffer • etwas Zitronensaft • 4 Lachsfilets à 200 g

Zubereitung: Nur den unteren Teil des Spargels schälen, Köpfe abschneiden. Spargelköpfe in der heißen Brühe 4 Min. garen, heraus nehmen und abtropfen lassen. Die restlichen Spargelstangen in kleine Stücke schneiden und in der Brühe weich kochen. Die Spargelstücke heraus nehmen und pürieren. Sahne mit Crème double und Weißwein etwas einkochen. Spargelpüree hinzufügen und mit Salz, Pfeffer und Zitronensaft abschmecken. Die Spargelköpfe zur Sauce geben. Den Fisch waschen und in der heißen Brühe bei milder Hitze 5–8 Min. ziehen lassen. Lachsfilets in der Sauce mit den Spargelköpfen anrichten.

Dazu schmecken neue Kartoffeln mit Petersilie und Butter.

Sauerampfersauce zu Lachs

Zutaten: 4 Lachskoteletts • etwas Butter • 2 EL Zitronensaft • 2 EL Mazola Olivenöl • Salz • frisch gemahlener Pfeffer • 50 g Sauerampfer • 1 Beutel Knorr Raffinesse Crème fraîche Sauce • 2 EL Weißwein

Zubereitung: Den Backofen auf 210° C vorheizen. Die Mittelgräte aus den Koteletts herausschneiden und den Fisch waschen und trockentupfen. Eine feuerfeste Form mit etwas Butter einfetten und die Lachskoteletts nebeneinander hineinlegen. Den Zitronensaft mit 1 EL Wasser, Öl, Salz und Pfeffer verrühren und über den Fisch gießen. Den Fisch im heißen Backofen 5–6 Min. garen. Sauerampfer waschen und die Blätter von den Stielen zupfen. Blätter grob zerschneiden. Die Crème fraîche Sauce in 250 ml lauwarmes Wasser einrühren und unter Rühren aufkochen. Sauerampfer, Wein und Garsud der Fischkoteletts hinzufügen und die Sauce pürieren.

Dazu schmecken junge Kartoffeln.

Meerrettichschaum zu verhülltem Lachsfilet

Zutaten: 800 g Lachsfilet • 4 TL Surig Essig-Essenz • 1 Bund Dill • 4 dreieckige Yufka-Blätter • Salz • frisch gemahlener Pfeffer • 250 ml Erdnussöl • 200 g Sahne • 1 EL Zucker • 5–6 EL geriebener Meerrettich • 1 Limette

> Tipp
>
> **Yufka-Blätter finden Sie in türkischen Lebensmittelläden.**

Zubereitung: Den Fisch waschen und trockentupfen. Anschließend in 4 Teile schneiden. 1 TL Essig-Essenz mit 3 TL Wasser mischen und die Lachsfilets damit rundherum bestreichen. Dill waschen, trockenschleudern und die Stiele entfernen. Die Hälfte des Dills fein hacken, beiseite legen. Yufka-Blätter nebeneinander auf Küchentücher legen und mit Wasser bestreichen. Die Filets auf die breite Seite legen, mit Salz und Pfeffer bestreuen. Den Dill darüber zupfen. Den Fisch sorgfältig in den Teig hüllen und in heißem Öl 8–10 Min. braten. Auf Küchenpapier entfetten. Sahne mit Zucker halb steif schlagen. Restliche Essig-Essenz, geriebenen Meerrettich und gehackten Dill unterziehen. Mit Salz und Pfeffer abschmecken. Die Limette in Scheiben schneiden und mit dem Fisch und dem Meerrettichschaum anrichten.

Dazu passen Brokkoligemüse und in Butter geschwenkte Pellkartoffeln.

Kressesauce zu geräucherten Forellenfilets und Spargel

Zutaten: 1,5 kg Spargel • Salz • 1 TL Zucker • 1 EL Butter • 1 Zitronenscheibe • 1 Stängel Petersilie • 125 g Sahnequark • 3 EL Crème fraîche • 1 TL Senf • 2 EL Zitronensaft • 1 TL Honig • frisch gemahlener Pfeffer • 2 Beete Kresse • 100 g geschlagene Sahne • 4 geräucherte Forellenfilets • 4 große Radieschen

Zubereitung: Den Spargel sorgfältig schälen und die unteren holzigen Teile wegschneiden. Etwa 1 l Wasser mit Salz, Zucker, Butter, Zitronenscheibe und Petersilie zum Kochen bringen. Den Spargel darin 10 Min. garen. Abgießen und abkühlen lassen. Sahnequark mit Crème fraîche, Senf, Zitronensaft, Honig, Salz und Pfeffer verrühren. Kresse waschen und abtropfen lassen. Die Blättchen von anderthalb Beeten zur Quark- mischung geben und die Sahne unterheben. Den Spargel auf Tellern verteilen, die Forellenfilets und die Sauce dazugeben. Mit den restlichen Kresseblättchen bestreuen. Radieschen in Scheiben hobeln und dazu legen.

Dazu schmeckt gebuttertes Toastbrot.

Tomatensugo zu Lachscarpaccio

ZUTATEN: 1 rote, gehackte Chilischote • 1 EL gehackter, frischer Ingwer • 2 gehackte Knoblauchzehen • 1 gehackte Schalotte • 300 g Tomaten • 100 g gelbe Paprikaschote • 2 EL Olivenöl • 3 TL Surig Essig-Essenz • 5 EL Gemüsebrühe • Salz • frisch gemahlener Pfeffer • 1 TL Honig • 1 Bund Rucola • 250 g dünn geschnittenes Lachsfilet

ZUBEREITUNG: Chili mit Ingwer, Knoblauch und Schalotte mischen. Tomaten kurz in kochendes Wasser tauchen, häuten und entkernen, in kleine Würfel schneiden. Das Stück Paprika mit einem Sparschäler schälen und in feinste Würfel schneiden, beiseite legen. Das Öl erhitzen und die Chili-Schalotten-Mischung darin kurz anschwitzen. Tomaten, Essig-Essenz und Gemüsebrühe hinzufügen und kurz aufkochen lassen. Mit Salz, Pfeffer und Honig kräftig abschmecken. Paprikawürfel einrühren und abkühlen lassen. Rucola waschen und trockenschleudern. Gut die Hälfte der Blätter grob hacken und mit dem Tomatensugo mischen. Lachscarpaccio mit dem Sugo anrichten und mit den restlichen Rucolablättern garnieren. Dazu passt kräftiges Vollkornbrot mit Schnittlauch- oder Knoblauchbutter.

TIPP

Für dieses feine kleine Gericht können Sie sowohl frischen Lachs als auch Scheiben von Räucherlachs oder Graved Lax verwenden.

Kräuter-Hollandaise zu Räucherlachsomelett

ZUTATEN: 1 kg weißer Spargel • Salz • 1 Prise Zucker • 1 TL Butter • 1 Schalotte • 5 weiße Pfefferkörner • 1 EL Weißweinessig • 3 Eigelb • 250 g Butter • frisch gemahlener Pfeffer • 1 EL Zitronensaft • 2 EL gehackte Petersilie • 2 EL gehackter Dill • 8 Eier • 4 EL Sahne • frisch geriebene Muskatnuss • 40 g Butter • 300 g Räucherlachsscheiben

ZUBEREITUNG: Den Spargel sorgfältig schälen, holzige Enden entfernen, Spargel in kochendem Salzwasser mit Zucker und Butter 12 Min. garen. Für die Kräuter-Hollandaise die Schalotte schälen, fein würfeln, mit den gestoßenen Pfefferkörnern, Essig und 5 EL Wasser 5 Min. leicht einköcheln. Durch ein feines Sieb in eine Edelstahlschüssel streichen, Eigelbe unterschlagen, Schüssel in ein heißes Wasserbad stellen. Schalotten-Ei-Masse weiter aufschlagen, bis sie etwas eingedickt und cremig ist. Schüssel aus dem Wasserbad nehmen, zerlassene, nicht zu heiße Butter vorsichtig unter ständigem Rühren zugeben, mit Salz, Pfeffer und Zitronensaft abschmecken. Gehackte Kräuter unterrühren. Für die Omeletts Eier und Sahne verquirlen, mit Salz, Pfeffer und Muskat würzen, 4 Omeletts in Butter ausbacken. Spargel aus dem Wasser nehmen, abtropfen lassen. Omeletts mit Spargel, Lachs und Kräuter-Hollandaise füllen.

Kapern-Tomaten-Sauce zu Zander

ZUTATEN: 800 g Tomaten • 1 geschälte Knoblauchzehe • 2 geschälte Zwiebeln • 2 EL Butter • 1 Lorbeerblatt • etwas geriebene Zitronenschale • 2 Stängel Thymian • 2 EL Tomatenmark • Salz • Zucker • frisch gemahlener Pfeffer • 2–3 EL kleine Kapern • 4 Zanderfilets mit Haut à 150 g • 6 EL Olivenöl • 4 EL Limettensaft • 1 Bund gehackte Petersilie

ZUBEREITUNG: Die Tomaten kurz in kochendes Wasser tauchen, Stielansätze entfernen, häuten, entkernen und würfeln. Knoblauch und Zwiebeln in der heißen Butter leicht anschwitzen, Tomatenwürfel, Lorbeerblatt, Zitronenschale, Thymian und Tomatenmark dazugeben und cremig einkochen. Die Sauce mit Salz, Zucker, Pfeffer und Kapern abschmecken. Den Fisch waschen und trockentupfen. Mit Salz und Pfeffer einreiben und in heißem Öl von beiden Seiten insgesamt 4–5 Min. goldgelb braten. Limettensaft und Petersilie mit dem Bratfett verrühren und über den Fisch gießen. Auf der Sauce anrichten.

Dazu passen Röstkartoffeln, Reis oder knuspriges Weißbrot.

TIPP

Diese würzige, leicht säuerliche Sauce schmeckt auch zu Kabeljau, Schellfisch, Rotbarsch oder Seelachs.

Seeteufel-Tomaten-Spießchen

Zutaten: 800 g Seeteufel • 10 Cocktailtomaten • 1 Knoblauchzehe • 2 EL Zitronensaft • 125 ml Weißwein • 2 Lorbeerblätter • 2 Stängel Rosmarin • 4 EL Öl • frisch gemahlener Pfeffer

Zubereitung: Den Fisch waschen und trockenreiben. Seeteufel in etwa 4 cm große Stücke schneiden, Cocktailtomaten waschen und halbieren. Fisch und Tomaten in eine flache Schale legen. Knoblauch schälen und durch die Presse drücken, mit Zitronensaft, Weißwein, Lorbeerblättern und Rosmarinnadeln aufkochen, Marinade abkühlen lassen, über den Fisch und die Tomaten gießen. Abgedeckt 2 Std. kühl stellen. Fisch und Tomaten abtropfen lassen, abwechselnd auf Spieße stecken und mit Öl bestreichen. Grillrost mit Alufolie belegen und Spieße darauf bei mittlerer Hitze etwa 7 Min. grillen, zwischendurch einmal wenden. Oder die Spieße in der Grillpfanne braten. Mit frisch gemahlenem Pfeffer würzen.

Dazu passen Spaghettini, verfeinert mit feinstem Olivenöl, etwas Zitronensaft und durchgedrücktem Knoblauch.

Fenchel-Orangen-Sauce zu Seeteufel

Zutaten: 3 unbehandelte Blutorangen • 300 g Fenchel • 4 EL Butter • 1 TL Fenchelsamen • 100 g Crème double • 1 grüne Chilischote • Salz • frisch gemahlener Pfeffer • 1 kg Seeteufel • 500 g geschälte Zwiebeln • 4 geschälte Knoblauchzehen • 1 unbehandelte Zitrone • 2 Lorbeerblätter • 125 ml Olivenöl

Zubereitung: Orangen waschen und trockenreiben. Von 2 Früchten die Schale mit einem Zestenreißer abziehen, beide Früchte auspressen, die dritte Frucht schälen und filetieren. Fenchel putzen, in schmale Streifen schneiden, zartes Grün beiseite legen. Butter zerlassen, Orangensaft, Fenchel und Fenchelsamen hinzufügen und weich kochen. Crème double einrühren und pürieren. Chilischote fein würfeln. Die Hälfte der Orangenschale, Orangenfilets und Chili zur Sauce geben und mit Salz und Pfeffer abschmecken. Fenchelgrün darüber zupfen. Seeteufel waschen und trockentupfen. Zwiebeln in dünne Ringe, Knoblauch in Stifte schneiden. Ofen auf 200° C vorheizen. Auf dem Boden eines Bräters Zwiebeln und Knoblauch verteilen. Seeteufel mit Salz und Pfeffer würzen, auf die Zwiebeln legen. Zitrone heiß waschen, trockenreiben und in dünne Scheiben schneiden. Mit den Lorbeerblättern auf den Seeteufel legen. Mit Olivenöl begießen und offen im heißen Backofen 30–40 Min. garen.

Sauce auf eine Platte gießen, Seeteufel dazugeben, die Lorbeerblätter durch die restlichen Orangenschalen ersetzen.

Tipp

Hierzu passt würziges Ciabattabrot am besten.

Oliven-Kapern-Sauce zu Schwertfisch

Zutaten: 2 Scheiben Schwertfisch à 500 g • Salz • frisch gemahlener Pfeffer • 2 geschälte Knoblauchzehen • 180 g schwarze Oliven, ohne Stein • 4 EL Kapern • 4 EL Olivenöl • 4 EL kalte Butter • etwas Zitronensaft • 4 EL gehackte Petersilie

Zubereitung: Den Fisch waschen und trockentupfen. Schwertfisch mit Salz und Pfeffer würzen und in einer leicht geölten Grillpfanne von beiden Seiten je etwa 6 Min. braten. In der Zwischenzeit die Knoblauchzehen in dünne Scheiben schneiden. Oliven halbieren. Kapern grob hacken. Den Schwertfisch mit Olivenöl beträufeln und nach weiteren 3 Min. aus der Pfanne nehmen und auf eine vorgewärmte Platte legen. Die kalte Butter in die Pfanne geben, Oliven und Kapern dazugeben, kurz durchschwenken und mit Zitronensaft, Salz und Pfeffer würzen. Mit Petersilie verfeinern und über den Schwert- fisch gießen.

Dazu passt frisches Weißbrot oder Olivenbrot.

Zitronensauce zu Wolfsbarsch

Zutaten: 800 g Wolfsbarsch im Ganzen • Salz • frisch gemahlener Pfeffer • 1/2 Bund glatte Petersilie • 2 Stängel Thymian • 2 Lorbeerblätter • Mehl zum Bestäuben • 2 EL Olivenöl • 3 EL Kapern • 2 Zitronen • 6 EL Butter

Zubereitung: Fisch waschen und trockentupfen. Mit einem scharfen Messer hinter dem Kopf auf beiden Seiten drei bis vier parallele Schnitte anbringen, damit der Fisch gleichmäßig gart. Den Wolfsbarsch innen und außen mit Salz und Pfeffer würzen, den Bauch mit einigen Petersilienstängeln, 1 Stängel Thymian und 1 Lorbeerblatt füllen. Die Haut leicht mit Mehl bestäuben. Den Backofen auf 180° C vorheizen. Das Olivenöl in einer großen Pfanne erhitzen und den Fisch darin von beiden Seiten anbraten. Nach 3 Min. wenden. Den Fisch in der Pfanne im vorgeheizten Backofen in etwa 12 Min. fertig garen, dabei immer wieder mit dem austretenden Saft begießen. Die Kapern grob hacken. Zitronen mit einem Messer so schälen, dass auch die weiße Haut völlig entfernt ist. Die Zitronen mit einem scharfen Messer filetieren. Von den restlichen Petersilienstängeln die Blätter abzupfen und grob hacken. Den Fisch aus dem Ofen nehmen und das Öl abgießen. Butter in einer Pfanne aufschäumen lassen und Kapern, Zitronenfilets, restlichen Thymian, 1 Lorbeerblatt sowie die Petersilie dazugeben. Mit Salz und Pfeffer würzen. Wolfsbarsch auf einer Platte anrichten und mit der Zitronensauce begießen. Dazu passt Reis oder Weißbrot.

Eier-Tomaten-Sauce zu Sardinen

Zutaten: 24 frische Sardinen • 1 Radicchio • Mehl zum Bestäuben • 10 EL Olivenöl • Salz • frisch gemahlener Pfeffer • 3 Tomaten • 2 hart gekochte Eier • 3 EL Balsamessig • 6 EL Olivenöl • 1 Prise Zucker • einige Basilikumblätter

Zubereitung: Den Bauch der Sardinen aufschneiden und den Kopf mit der Mittelgräte vorsichtig herausziehen. Sardinen unter fließendem kaltem Wasser gründlich spülen und trockentupfen. Vom Radicchio den Strunk herauslösen und den Kopf in 1 cm breite Scheiben schneiden. Auf einen großen Teller legen. Sardinen von beiden Seiten in Mehl wenden und in heißem Öl goldbraun braten. Salzen und pfeffern, aus der Pfanne nehmen und auf Küchenpapier entfetten. Tomaten von den Stängelansätzen befreien, kreuzförmig einschneiden und in kochendes Wasser tauchen. Die Früchte häuten, vierteln, entkernen und in kleine Würfel schneiden. Eier pellen und fein hacken, mit Balsamessig und Olivenöl verrühren. Tomaten dazugeben und mit Salz, Zucker und Pfeffer würzen. Die Sauce erwärmen. Sardinen auf den Salat legen und mit der Eier-Tomaten-Sauce beträufeln. Basilikumblätter in Streifen schneiden und über die Sardinen streuen.

Dazu passt würziges Weißbrot mit Knoblauch- oder Tomatenbutter.

Safran-Koriander-Sauce zu Tunfisch

Zutaten: 125 ml Gemüsebrühe • 1 Döschen Safranpulver • 1 Beutel Maggi Meisterklasse Zubereitung für Sauce Hollandaise • 125 g kalte Butter • 4 EL gehackter Koriander • 1 Limette • 4 Tunfischfilets à 150 g • Maggi Würzmischung 1 • 2 EL Sonnenblumenöl

Zubereitung: Die Gemüsebrühe mit dem Safranpulver erwärmen und das Saucenpulver mit dem Schneebesen einrühren und zum Kochen bringen. Die Butter in Flöckchen kräftig in die Sauce einrühren. Den Koriander unterrühren und die Sauce nicht mehr kochen lassen. Die Limette heiß waschen und trockentupfen. Etwas Schale zur Sauce reiben. Die Frucht auspressen und die Sauce mit etwas Limettensaft abschmecken. Den Fisch waschen und trockentupfen. Mit der Würzmischung einreiben und in heißem Öl auf jeder Seite gut 1 Min. braten. Mit etwas Limettensaft beträufeln und mit der Sauce begießen.

Dazu passt körniger Vollkornreis mit gerösteten Cashewkernen.

Tipp

Tunfischfilet nie zu lange braten, es wird leicht trocken. Nur saftiger Tunfisch schmeckt richtig gut. Achten Sie auf frische Qualität.

Garnelen-Butter-Sauce zu Lachssteaks

Zutaten: 4 Lachssteaks • etwas Limettensaft • Salz • frisch gemahlener Pfeffer • 2 EL Butterschmalz • 500 g frische Garnelen mit Kopf • 6 EL Butter • 2 gehackte Schalotten • 1 gehackte Knoblauchzehe • 250 ml Weißwein • 4 cl weißer Portwein • 1 Lorbeerblatt • 1 EL Mehl • 200 g Sahne • etwas Dill

Zubereitung: Den Fisch waschen und trockentupfen. Mit etwas Limettensaft einreiben und mit Salz und Pfeffer würzen. Die Steaks in heißem Butterschmalz auf jeder Seite 3–4 Min. braten. Die Garnelen aus dem Panzer brechen, Kopf und Darm entfernen. Die Garnelenschalen in 1 EL heißer Butter anschwitzen. Schalotten, Knoblauchzehe, Weißwein, Portwein und Lorbeerblatt hinzufügen und offen 10 Min. köcheln lassen. Den Sud durchpassieren. 3 EL Butter zerlassen und das Mehl darin anschwitzen. Garnelensud und Sahne angießen und 10 Min. köcheln lassen. Mit Salz, Pfeffer und Limettensaft abschmecken. Garnelen, restliche Butter und etwas Dill hinzufügen und erhitzen. Die Sauce über die Lachssteaks gießen.

Dazu schmecken neue Kartoffeln oder körniger Reis.

Weißwein-Tomaten-Sauce zu Muscheln

ZUTATEN: 3 Knoblauchzehen • 5 Frühlingszwiebeln • 1/4 Sellerieknolle • 1 Möhre • 5 EL Olivenöl • 1 Stängel Rosmarin • 1/2 TL getrockneter Thymian • 1 große Dose Tomaten • 2 kg Miesmuscheln • 500 ml trockener Weißwein • Salz • frisch gemahlener Pfeffer • Cayennepfeffer

ZUBEREITUNG: Den Knoblauch abziehen und in dünne Scheiben schneiden, Frühlingszwiebeln häuten und mit Zwiebelgrün in schmale Streifen schneiden. Sellerie und Möhre schälen, Sellerie in kleine Würfel und Möhre in Scheiben schneiden. Öl in einem sehr großen Topf oder einer Kasserolle erhitzen. Vorbereitetes Gemüse zufügen und kurz andünsten. Kräuter und Tomaten mit Saft unterrühren, etwa 15 Min. leise köcheln lassen. Muscheln gründlich unter fließendem Wasser mit einer Bürste säubern. Tomatensauce mit Wein auffüllen und zum Kochen bringen. Rosmarin entfernen, Sauce nach Geschmack mit Salz, Pfeffer und Cayennepfeffer abschmecken. Muscheln in die Tomatensauce geben und bei starker Hitze im geschlossenen Topf garen. Den Topf ab und zu kräftig schütteln. Nach etwa 10 Min. Muscheln und Sauce auf vorgewärmten Schüsseln verteilen.

Dazu passt ofenfrisches Baguette, mit dem sich die köstliche Sauce leicht aufnehmen lässt.

TIPP

Geöffnete Muscheln vor dem Zubereiten und geschlossene Muscheln nach dem Zubereiten unbedingt fortwerfen, sie sind verdorben.

Tomatencreme zu Tintenfischringen

Tipp

Tintenfischringe bekommen Sie in gut sortierten Fischgeschäften oder tiefgefroren im Supermarkt.

Zutaten: 800 g tiefgefrorene Tintenfischringe • Saft von 1 Zitrone • 1/2 Bund Kerbel • 5 Fleischtomaten • 250 ml Weißwein • 4 EL Olivenöl • 4 gehackte Knoblauchzehen • Salz • Zitronenpfeffer • 125 g Crème fraîche

Zubereitung: Die Tintenfischringe auftauen lassen und trockentupfen. Mit Zitronensaft beträufeln. Kerbel hacken. Die Tomaten kurz in kochendes Wasser tauchen, häuten, vierteln und entkernen. Tomaten in feine Würfel schneiden und mit Weißwein in den Mixer geben. Auf höchster Stufe pürieren. Das Öl in einer Pfanne erhitzen, Tintenfischringe braten, Knoblauch zugeben und mit Salz und Pfeffer abschmecken, anschließend aus der Pfanne nehmen. Tomatenpüree und Crème fraîche in die Pfanne geben, aufkochen lassen und mit Salz und Pfeffer abschmecken. Tintenfischringe zusammen mit der Tomatencreme anrichten und mit Kerbel bestreuen.

Muschelsauce zu gefüllten Calamari

Zutaten: 4 Tintenfischtuben à 120 g • 60 g Rosinen • 1 Tasse schwarzer Tee • 50 g Pinienkerne • 1 Tomate • 130 g Ricotta • 2 Eigelb • 80 g geriebenes Weißbrot • 1/2 Bund gehackte Petersilie • Salz • frisch gemahlener Pfeffer • 2 EL Olivenöl • 2 rote Paprikaschoten • 80 g ausgelöstes Muschelfleisch • 2 Stängel Oregano

Zubereitung: Die Tintenfischtuben waschen und von innen und außen trockentupfen. Die Rosinen in Tee einweichen. Pinienkerne in einer großen Pfanne ohne Fett leicht rösten und grob hacken. Die Tomate vom Stielansatz befreien, kreuzförmig einschneiden, in kochendes Wasser tauchen und häuten, vierteln, entkernen und in kleine Würfel schneiden. Ricotta, Eigelbe, geriebenes Weißbrot, etwas Petersilie, Pinienkerne und die abgetropften Rosinen mischen und mit Salz und Pfeffer würzen. Die Masse in die Tuben füllen, mit einem Holzspießchen verschließen und mit Salz und Pfeffer würzen. Den Backofen auf 180° C vorheizen. Die Tuben in heißem Olivenöl rundherum anbraten. Paprika vierteln, dazugeben und im vorgeheizten Backofen in etwa 30 Min. fertig garen. Dabei immer wieder mit etwas Wasser begießen. Kurz vor dem Ende der Garzeit die Muscheln dazugeben und im Bratenfond erhitzen. Tintenfischtuben auf Paprikavierteln anrichten und mit der Muschelsauce begießen. Mit frischen Oreganoblättern bestreuen.

Dazu passt knuspriges Baguette.

Orangensauce zu Garnelen-Spargel-Ragout

Zutaten: 1,5 kg Spargel • 200 g Zuckererbsen • 16 Riesengarnelen, roh, ohne Kopf und Schale • Salz • Zucker • 1 EL Butter • 1 Zwiebel • 50 g Krebsbutter • 400 ml Hummerfond • 100 g Sahne • 50 ml Wermut • 4 EL Orangensaft • Schale von 1 unbehandelten Orange • 3 EL Saucenbinder • frisch gemahlener Pfeffer • 1 EL gehackter Dill

Zubereitung: Den Spargel schälen, holzige Enden entfernen. Zuckererbsen waschen, putzen, in Stücke schneiden. Garnelen waschen, trockentupfen und entdarmen. Den Spargel klein schneiden und in kochendem Salzwasser mit etwas Zucker und Butter 10 Min. garen, Zuckererbsen zugeben, weitere 5 Min. garen. Die Zwiebel schälen, würfeln und in 20 g Krebsbutter andünsten. Hummerfond zugießen, 10 Min. köcheln, Sahne, Wermut, Orangensaft und -schale zugeben. Die Sauce aufkochen, Saucenbinder einrühren und mit Salz, Pfeffer und Dill würzen. Garnelen in der restlichen Krebsbutter 3 Min. braten, halbieren und in die Sauce geben. Spargel und Zuckererbsen aus dem Wasser nehmen, abtropfen lassen. In eine große Schüssel geben und mit dem Garnelenragout begießen.

Dazu passt duftender Basmatireis, der mit gehackten Pistazien und brauner Butter verfeinert wird.

Tipp

Garnelen nie zu lange garen, weil sie schnell sehr hart werden. Je nach Größe reichen einige Minuten Garzeit völlig aus.

Knoblauch-Kräuter-Butter zu Garnelen

ZUTATEN: 24 Garnelen mit Kopf und Schale • 2 Knoblauchzehen • 125 g Butter • 1/2 Bund Schnittlauch • 4 EL gehackte Petersilie • 4 EL gehackter Dill • Salz • frisch gemahlener Pfeffer • 1/2 TL geriebene Zitronenschale

ZUBEREITUNG: Die Garnelen waschen und abtrocknen. Den Backofen auf 190° C vorheizen. Eine feuerfeste Form mit etwas Butter einfetten. Die Garnelen mit Salz und Pfeffer würzen, in die Form geben und im vorgeheizten Backofen etwa 10 Min. garen. In der Zwischenzeit den gewaschenen Schnittlauch in feine Röllchen schneiden. Knoblauchzehen schälen und durch die Presse drücken. Restliche Butter schaumig rühren und mit Knoblauch, Petersilie, Schnittlauch und Dill verrühren. Mit Salz, Pfeffer und geriebener Zitronenschale würzen. Die Garnelen aus dem Ofen nehmen und mit der Kräuterbutter bedecken. Für weitere 5 Min. bei starker Oberhitze im Ofen braten.

Dazu passt toskanisches Weißbrot.

TIPP

Am besten schmecken Garnelen natürlich mit Schale gegart, da beim Garen die Schale ihren Geschmack an das Fleisch abgibt. Auch in vornehmsten Restaurants werden Garnelen oder Flusskrebse ohne Besteck serviert. Die Hände reinigt man im bereitgestellten Zitronenwasser.

Paprika-Tomaten-Sauce zu Riesengarnelenspießen

TIPP

Garnelenspieße können gut im Sommer auf dem Gartengrill zubereitet werden. Dafür werden sie mit etwas Olivenöl oder flüssiger Knoblauchbutter bestrichen.

ZUTATEN: 750 g Tomaten • 1 rote geschälte Paprikaschote • 4 EL Olivenöl • 1 TL getrocknete italiensche Kräuter • 1 gehackte Knoblauchzehe • Salz • 1 Prise Zucker • Zitronenpfeffer • 24 Riesengarnelen ohne Kopf und Schale • 60 g Butterschmalz

ZUBEREITUNG: Die Tomaten in kochendes Wasser tauchen, häuten, vierteln und entkernen. Tomaten und Paprika in kleine Würfel schneiden. Olivenöl in einem Topf erhitzen. Tomaten und Paprika unter Rühren cremig einkochen. Mit Kräutern, Knoblauch, Salz, Zucker und Pfeffer abschmecken. Jeweils 6 Garnelen auf einen Spieß stecken. Butterschmalz in einer großen Pfanne erhitzen, Spieße von beiden Seiten etwa 5 Min. bei mittlerer Hitze braten. Die Sauce getrennt dazu reichen.

Dazu passt ein Gemüsesalat aus Blumenkohl und Brokkoli in einer leichten Sauce aus Jogurt, Tomatenketschup, Majonäse und Weinbrand.

Asiatische Marinade für Garnelen

Zutaten: 500 g Garnelen ohne Kopf und Schale • 2 Knoblauchzehen • 1 Stängel Zitronengras • 1 EL frischer geriebener Ingwer • 1 TL Kurkuma • 2 EL Zitronensaft • 4 EL Erdnussöl • 4 EL Sojasauce • 1 EL Fischsauce • 10 Basilikumblättchen

Zubereitung: Die Garnelen waschen und entdarmen. Knoblauchzehen schälen und fein hacken. Zitronengras der Länge nach halbieren, äußere Blätter entfernen, den inneren weißen Teil in feine Streifen schneiden. Für die Marinade Knoblauch, Zitronengras, Ingwer und Kurkuma mit Zitronensaft, Öl, Sojasauce und Fischsauce verrühren. Garnelen mit der Marinade mischen und zugedeckt etwa 2 Std. kühl stellen. Garnelen auf geölte Spieße stecken, bei starker Hitze in 5–6 Min. glasig grillen und mehrmals wenden. Basilikumblätter waschen, trockenschütteln, fein hacken und über die heißen Garnelenspieße streuen.

Dazu passt ein safrangelber Langkornreis mit bunten Paprikastreifen.

Tipp

Garnelen jeder Größe werden sowohl frisch als auch tiefgefroren angeboten. Auch wenn es sich bei den »frischen« Garnelen in den meisten Fällen um aufgetaute Ware handelt.

Saucen für Gemüse

Täglich sollte der Mensch eine große Portion Gemüse verzehren. Das schmeckt gut und tut gut. Aber immer nur etwas Butter zum Gemüse ist auf Dauer langweilig. In diesem Kapitel finden Sie eine Reihe feiner Saucen zu Gemüsegerichten. Was halten Sie von Wildkräutersaucen mit Bärlauch und Brennnesseln? Probieren Sie die farblich und geschmacklich herausragende Meerrettich-Rote-Bete-Sauce zu Schwarzwurzeln. Wir servieren eine grüne Béchamelsauce zu fruchtigen grünen Tomaten und richten Fenchel und Tomate in einer Kokos-Curry-Sauce an. Haben Sie schon einmal eine Tomatensauce mit Pfefferminze versucht? Oder sahnige Gorgonzolasauce zu einem sanften Zucchiniflan? Den Abschluss machen zwei einfache, aber raffinierte Eiergerichte.

Bärlauchsauce zu Kartoffelauflauf

TIPP

Bärlauch ist im Frühjahr auf den Wochenmärkten erhältlich.

ZUTATEN: 500 g mehlig kochende Kartoffeln • 4 Eier • Salz • frisch gemahlener Pfeffer • frisch geriebene Muskatnuss • 200 g mittelalter Gouda • 60 g Butter • 4 gehackte Schalotten • 1 Packung Sauce Hollandaise • Zitronensaft • 1 Tasse gehackte Bärlauchblätter • 150 g geschlagene Sahne

ZUBEREITUNG: Die Kartoffeln in wenig Wasser 25 Min. garen, pellen und durch die Presse drücken. Eier trennen. Eiweiße mit etwas Salz steif schlagen. Eigelbe mit Salz, Pfeffer und Muskatnuss zu den Kartoffeln geben und gut mischen. Käse in kleine Würfel schneiden. 3 EL Butter zur Kartoffelmasse geben und den Käse einrühren. Den Eischnee unterheben. Den Backofen auf 200° C vorheizen. Eine feuerfeste Form mit Butter einfetten, die Kartoffeln einfüllen. Mit ein paar Butterflöckchen belegen und in 20–30 Min. im Backofen goldbraun überbacken. Restliche Butter zerlassen. Schalotten darin anschwitzen. Sauce hinzufügen und einmal aufkochen. Mit Muskatnuss, Zitronensaft und Pfeffer abschmecken. Bärlauch einrühren und die Sahne unterheben.

Brennnesselsauce zu Spargel und Tofubällchen

Zutaten: 1,5 kg Spargel • Salz • Zucker • 1 TL Gemüsebrühe Instant • 2 gehackte Schalotten • 1 gehackte Knoblauchzehe • 4 EL Butter • 1 TL frischer, gehackter Ingwer • Kreuzkümmel • 1 Ei • 2–3 EL Paniermehl • 250 g Tofu • 1 EL Mehl • 200 g Sahne • 200 g Schmand • 6 EL junge, gehackte Brennnesselblätter • Zitronensaft • 2 EL gehackte Petersilie

Zubereitung: Den Spargel schälen, holzige Enden wegschneiden. In kochendem Salzwasser mit etwas Zucker 12 Min. garen. Spargel warm halten. Spargelbrühe auf etwa 700 ml einkochen und die Brühe einstreuen. Schalotten und Knoblauch in 2 EL Butter anschwitzen, Ingwer, etwas Kreuzkümmel, Salz und Pfeffer einrühren und abkühlen lassen. Ei, Paniermehl und zerdrückten Tofu hinzufügen und gut verrühren. Die restliche Butter zerlassen, das Mehl dazugeben und mit 125 ml Brühe auffüllen. Die Sauce 5 Min. köcheln lassen. Aus der Tofumasse kleine Bällchen formen und in der restlichen siedenden Brühe 10 Min. gar ziehen lassen. Sahne und Schmand zur Sauce geben und erhitzen. Brennnesseln und Zitronensaft einrühren. Tofubällchen und Spargel anrichten, mit der Sauce begießen und mit Petersilie bestreuen.

Dazu passt Curryreis.

Orangen-Zitronen-Marinade zu grünem Spargel

ZUTATEN: 1 kg grüner Spargel • Salz • Zucker • 1 TL Butter • Saft und Schale von 1 unbehandelten Zitrone • Saft und Schale von 1 unbehandelten Orange • frisch gemahlener Pfeffer • 4 EL Sonnenblumenöl • 1 Bund Schnittlauch • Zitronenmelisse

ZUBEREITUNG: Den Spargel waschen, unteren Teil schälen, holzige Enden entfernen. Spargel in kochendem Salzwasser mit etwas Zucker und Butter 10 Min. kochen. Herausnehmen, abtropfen lassen und in eine flache Schale legen. Zitrone und Orange heiß abwaschen, trockenreiben und Zitronenschale und Orangenschale zur Hälfte dünn abreiben, Saft auspressen. Zitronen- und Orangensaft mit Salz, Pfeffer und Öl zu einer Marinade verrühren. Schnittlauch waschen, trocknen, fein schneiden und unter die Marinade heben. Den Spargel mit der Marinade beträufeln, mit Zitronenschale bestreuen und 2 Std. ziehen lassen. Vor dem Anrichten mit Zitronenmelisse garnieren.

Dazu passt geröstetes und gebuttertes Toastbrot.

Kernige Kerbelsauce zu Spargel

ZUTATEN: 800 g grüner Spargel • 800 g weißer Spargel • Salz • Zucker • 4 EL Butter • 75 g Kürbiskerne • 1 TL Kürbiskernöl • 150 g Crème fraîche • 1 Blutorange • frisch gemahlener Pfeffer • Cayennepfeffer • 6 EL gehackter Kerbel

ZUBEREITUNG: Vom grünen Spargel nur den unteren Teil, den weißen Spargel vollständig schälen. Weißen Spargel in kochendem Salzwasser mit etwas Zucker und etwas Butter 5 Min. garen. Den grünen Spargel hinzufügen und weitere 7 Min. garen. Kürbiskerne in einer Pfanne fettfrei rösten, mit Öl mischen und mit Crème fraîche pürieren. Die Orange auspressen und zur Crème fraîche geben. Mit Salz, Pfeffer und Cayennepfeffer abschmecken. Den Kerbel einrühren.

Dazu passen kleine, knusprig gebratene Kartoffelwürfel.

TIPP

Spargel muss nicht immer heiß auf den Tisch kommen. Der zarte Geschmack des Spargels passt hervorragend zu allerlei Gewürzen und Kräutern. Beliebt ist marinierter Spargel als edle Vorspeise.

Meerrettich-Rote-Bete-Sauce zu Scharzwurzeln

Zutaten: 1 kg Scharzwurzeln • Saft von 1 Zitrone • Salz • 1 TL Gemüsebrühe • frisch gemahlener Pfeffer • 250 g rote Bete • 50 g frischer Meerrettich • 200 g Schmand • Worcestershiresauce • Zucker

Tipp

Rote Bete ist sehr farbintensiv. Deshalb ist es empfehlenswert, beim Arbeiten mit dieser gesunden Knolle Einmal-Handschuhe anzuziehen.

Zubereitung: Die Schwarzwurzeln unter fließendem Wasser abbürsten, schälen und sofort in eine Schüssel mit Zitronensaft legen, damit sie sich nicht verfärben. Schwarzwurzeln in einen Topf legen, mit Wasser bedecken, etwas Zitronensaft, Brühgranulat, Salz und Pfeffer hinzufügen. Das Gemüse in 12–15 Min. gar kochen, abgießen und etwas Gemüsebrühe auffangen. Das Gemüse warm halten. Die rote Bete waschen und in reichlich Wasser in 50–60 Min. weich kochen. Die Knollen schälen, klein schneiden und mit etwas Gemüsebrühe pürieren. Meerrettich schälen und fein reiben. Schmand mit Rote-Bete-Püree erhitzen, Meerrettich einrühren und mit Gemüsebrühe bis zur gewünschten Konsistenz auffüllen. Mit Salz, Pfeffer, Wocestershiresauce und Zucker pikant abschmecken.

Dazu passen im Ganzen geröstete kleine Kartoffeln mit Kümmel.

Schnittlauch-Eier-Butter zu gefüllten Paprikaschoten

ZUTATEN: 2 rote Paprikaschoten • 125 g Champignons • 200 g gewürfelte Schalotten • 1 gewürfelte Knoblauchzehe • 2 EL Sonnenblumenöl • 1 Dose Pizzatomaten • 1 kleine Dose Maiskörner • 4 EL kernige Haferflocken • 1 Ei • 1 Bund gehackte Petersilie • etwas getrockneter Thymian • Salz • frisch gemahlener Pfeffer • 250 ml Gemüsebrühe • 4 EL geriebener Käse • 2 Eigelb • 75 g Butter • 1 Bund Schnittlauch

ZUBEREITUNG: Die Paprikaschoten längs halbieren, Kerne und Trennwände entfernen, Paprika waschen. Pilze putzen und in Würfel schneiden. Mit Schalotten und Knoblauch in heißem Öl 2 Min. schmoren. Pizzatomaten hinzufügen und 5 Min. kräftig kochen lassen. Abgegossenen Mais und Haferflocken einrühren und cremig einkochen. Die Füllung etwas abkühlen lassen. Ei, Petersilie, Thymian, Salz und Pfeffer hinzufügen. Den Backofen auf 200° C vorheizen. Die Füllung in die Paprikahälften geben und nebeneinander in eine feuerfeste Form setzen. Mit Brühe auffüllen und mit Alufolie abdecken. Paprikaschoten im heißen Backofen 20 Min. garen. Alufolie entfernen, den Käse über die Füllung streuen und 10 Min. überbacken. Die Garflüssigkeit in einen kleinen Topf gießen, Eigelbe und Butter mit dem Mixstab einrühren, aber nicht kochen lassen. Die Sauce mit Salz, Pfeffer und Schnittlauch abschmecken.

Dazu passen Salzkartoffeln oder Reis.

Scharfe Paprikasauce zu gegrillten Gemüsespießen

ZUTATEN: 4 kleine Zwiebeln • 2–3 Zucchini • 1 kleine Aubergine • 8 braune Champignons • 1 gekochter Maiskolben • 3 rote Paprikaschoten • 1 gelbe Paprikaschote • 4 EL Olivenöl • Salz • frisch gemahlener Pfeffer • 2 gehackte Knoblauchzehen • 1 grüne, gehackte Chilischote • 2 EL Tomatenmark • 4 EL Tomatenketschup • 1 TL schwarze Bohnensauce • 4 EL gehacktes Koriandergrün

ZUBEREITUNG: Zwiebeln schälen und halbieren. Zucchini, Aubergine und Champignons putzen, waschen, trockenreiben. Zucchini, Aubergine und Maiskolben in 8 gleich große Stücke teilen, Reste von Zucchini und Aubergine fein würfeln. 1 rote und die gelbe Paprikaschote putzen, waschen und jeweils in 4 Stücke teilen. Das Gemüse auf 4 lange Spieße stecken. Etwas Öl mit Salz und Pfeffer verrühren. Das Gemüse damit bestreichen und bissfest grillen. Die restlichen Paprikaschoten vierteln, putzen und mit dem Sparschäler schälen. In schmale Streifen schneiden. Für die Sauce das gewürfelte Gemüse, die Paprikastreifen, Knoblauch und Chili im restlichen Öl 2 Min. schmoren. Tomatenmark und Ketschup einrühren und leicht cremig einkochen. Die Sauce grob pürieren, mit Salz, Pfeffer, Bohnensauce und Koriandergrün abschmecken. Warm oder kalt zu den Gemüsespießen servieren.

TIPP

Holzspieße vor der Verwendung wässern. Gekochte Maiskolben gibt es das ganze Jahr über in Dosen zu kaufen. Schwarze Bohnensauce ist in Asienläden erhältlich.

Sardellensauce zu Gemüsesticks

ZUTATEN: 6 Stangen Staudensellerie • 3 Möhren • je 1 rote und gelbe Paprikaschote • 1 Fenchelknolle • 2 Zucchini • 12 Sardellen • 4 geschälte Knoblauchzehen • 4 EL Kapern • 10 EL Olivenöl • 4 EL Butter • 2 EL gehackte Petersilie • Pfeffer

ZUBEREITUNG: Den Staudensellerie waschen, Möhren schälen, Paprika halbieren und entkernen. Fenchel ebenfalls halbieren und vom Strunk befreien. Staudensellerie, Möhren, Paprika, Fenchel und Zucchini in etwa 10 cm lange Stücke schneiden. Gemüse bis zur Weiterverarbeitung in ein feuchtes Tuch wickeln und kühl legen. Sardellen, Knoblauch und Kapern getrennt voneinander fein hacken. 4 EL Olivenöl erhitzen und den Knoblauch darin glasig schmoren. Sardellen dazugeben und weitere 2 Min. unter ständigem Rühren köcheln lassen. Kurz vor dem Servieren restliches Olivenöl, Kapern und Butter einrühren und kurz aufkochen lassen. Die weiße sämige Sardellensauce mit gehackter Petersilie, Pfeffer und etwas Salz verfeinern und zum Gemüse reichen.

Dazu passt frisches Stangenweißbrot.

Knoblauch-Kräuter-Öl zu Mittelmeergemüse

Zutaten: 1 Aubergine • 2 Zucchini • je 1 rote und gelbe Paprikaschote • 250 g braune Champignons • 1 halbierte Knoblauchknolle • 2 Stängel Rosmarin • 4 Stängel Thymian • 1/2 Bund Basilikum • 2 geschälte Knoblauchzehen • Olivenöl • Salz • Zucker • frisch gemahlener Pfeffer

Zubereitung: Auberginen und Zucchini in 1 cm dicke Scheiben schneiden und leicht salzen. Ofen auf 180° C vorheizen. Paprikaschoten halbieren, entkernen und in einer Pfanne mit der Hautseite nach oben legen. Die Knoblauchhälften, 1 Rosmarin- und 2 Thymianstängel dazugeben und mit 4 EL Olivenöl beträufeln. Im Backofen etwa 30 Min. garen. Die Auberginen- und Zucchinischeiben mit Küchenpapier abtupfen. Champignons putzen. In einer Pfanne mit den Auberginen und Zucchini in heißem Olivenöl von beiden Seiten goldbraun braten. Heraus nehmen und auf Küchenpapier abtropfen lassen. Paprika aus dem Ofen nehmen, häuten und in etwa 2 cm breite Streifen schneiden. Restlichen Rosmarin und Thymian von den Stängeln abstreifen und mit Basilikumblättern und den ausgelösten Knoblauchzehen in einen hohen Becher geben. 120 ml Olivenöl dazugießen und pürieren. Mit Salz, Zucker und Pfeffer würzen. Auberginen, Zucchini, Pilze und Paprika von beiden Seiten mit dem Würzöl einstreichen und zugedeckt 2 Std. marinieren. Mit frischem Weißbrot servieren.

Sauce Béarnaise zu Gemüsenudeln

ZUTATEN: 400 g Möhren • 2 große Kartoffeln • 400 g Zucchini • 1 EL Olivenöl • Salz • frisch gemahlener Pfeffer • frisch gemahlene Muskatnuss • 1 Beutel Maggi Meisterklasse Zubereitung für Sauce Béarnaise • 125 g Butter • 1 TL gehackte Estragonblätter

ZUBEREITUNG: Die Möhren und die Kartoffeln schälen. Zucchini putzen und waschen. Kartoffeln und Gemüse entweder in dünne Scheiben hobeln und in schmale Streifen schneiden. Oder mit einem Spezialgerät Gemüsenudeln herstellen. Die Gemüsenudeln in wenig Wasser bissfest garen, abgießen und das Kochwasser auffangen. Das Gemüse gut abtropfen lassen. Mit Öl mischen und mit Salz, Pfeffer und Muskatnuss würzen. 125 ml Gemüsekochwasser erwärmen, Saucenpulver mit einem Schneebesen einrühren und 1 Min. kochen lassen. Die Butter in Stücke schneiden und nach und nach unterrühren. Zum Schluss Estragon zur Sauce geben und über die Gemüsenudeln gießen.

Dazu passt frisch geriebener Parmesan.

TIPP

In gut sortierten Haushaltswarengeschäften finden Sie verschiedene Geräte, mit denen sich Gemüsenudeln leicht herstellen lassen.

Tomaten-Zwiebel-Sauce zu Lauch

ZUTATEN: 6 mittelgroße Stangen Lauch • Salz • 2 EL flüssige Butter • frisch gemahlener Pfeffer • frisch geriebene Muskatnuss • 300 g geschälte Zwiebeln • 2 gehackte Knoblauchzehen • 1 TL zerdrückte Koriandersamen • 2 Lorbeerblätter • 2 EL Olivenöl • 2 Dosen Pizzatomaten • Honig • Sojasauce • 2 EL gehackte Petersilie • 1 Stück Parmesan

ZUBEREITUNG: Den Lauch putzen, dunkelgrüne Teile wegschneiden. Den Lauch gründlich waschen und in wenig Salzwasser in 8–10 Min. bissfest garen. Die Stangen in eine feuerfeste Form legen und mit Butter bestreichen. Mit Salz, Pfeffer und Muskatnuss bestreuen. Das Gemüse warm stellen. Zwiebeln in schmale Streifen schneiden. Mit Knoblauch, Koriandersamen und Lorbeerblättern in heißem Öl kurz anschwitzen. Tomaten hinzufügen und offen cremig einkochen. Die Sauce mit Salz, Pfeffer, Honig, Sojasauce und gehackter Petersilie abschmecken. Feste Gewürze entfernen. Sauce über den Lauch gießen und im Backofen kurz erhitzen. Etwas Parmesan darüber hobeln.

Dazu schmeckt Reis mit Rosinen und gerösteten Mandelstiften.

Kokos-Curry-Sauce zu Fenchel und Tomaten

ZUTATEN: 500 g Fenchelknollen • 2 TL Butter • 1/2 TL Gemüsebrühe • 250 g Fleischtomaten • Salz • frisch gemahlener Pfeffer • 150 g Crème fraîche • 125 g Sahne • 1 TL Mehl • 1 Eigelb • Curry • 2 TL Surig Essig-Essenz • Zucker • 2 EL Schnittlauchröllchen

ZUBEREITUNG: Fenchelknollen putzen, zartes Grün beiseite legen. Fenchel waschen und in jeweils 4–5 Scheiben schneiden. Fenchel in wenig Salzwasser mit etwas Butter und Brühgranulat 8 Min. garen. Gemüse heraus nehmen und gut abtropfen lassen. Brühe beiseite stellen. Eine feuerfeste Form mit der restlichen Butter einfetten. Fenchel hineinlegen. Tomaten waschen, Stielansätze wegschneiden. Tomaten in Scheiben schneiden und dachziegelartig auf den Fenchel legen. Mit Salz und Pfeffer bestreuen. Den Backofen auf 200° C vorheizen.

Etwa 100 ml Fenchelbrühe mit Crème fraîche, Sahne und Mehl verrühren. Einmal aufkochen lassen. Eigelb einrühren und die Sauce mit Salz, Pfeffer, Curry, Essig-Essenz und Zucker abschmecken. Die Sauce über das Gemüse gießen und im heißen Backofen etwa 15 Min. garen. Vor dem Anrichten mit Schnittlauch und Fenchelgrün bestreuen.

Dazu schmeckt Kartoffelpüree oder Reis.

Saure-Sahne-Sauce zu gegrillter Paprika

ZUTATEN: 4 rote Paprikaschoten • 200 g fette Sahne oder Crème fraîche • Cayennepfeffer • Salz • Zucker

ZUBEREITUNG: Die Paprikaschoten waschen, trockentupfen und im Backofen bei 280° C 15–20 Min. rösten. Dabei immer wieder wenden, damit die Haut von allen Seiten aufplatzt. Die Schoten in eine Porzellanschüssel geben und mit einem Teller oder Deckel abdecken, bis sie etwas abgekühlt sind. Die Paprikaschoten über der Schüssel so häuten, dass aller Saft aus ihnen aufgefangen wird. Deckel, Spitze und Gehäuse sowie Kerne entfernen. Die Schoten in 5–6 breite Längsstreifen schneiden und im Backofen warm stellen. Die enthäuteten Deckel und Spitzen mit einem Pürierstab zerkleinern oder durch ein feines Sieb streichen. Die Sahne erhitzen, aber nicht kochen lassen. Mit Cayennepfeffer, Salz und etwas Zucker würzen, bevor das Paprikapüree untergezogen wird. Die Sauce auf einer vorgewärmten Platte ausgießen. Die warm gehaltenen Paprikastreifen darauf anrichten.

Dazu schmeckt lauwarmes Fladenbrot mit würziger Tomatenbutter.

Kokos-Koriander-Sauce zu Kürbis

ZUTATEN: 2 kg Hokkaidokürbis • 100 g geschälte Zwiebeln • 400 g Lauch • 2 kleine, rote Chilischoten • 3 EL Erdnussöl • 250 ml Gemüsebrühe • 800 ml Kokosmilch • 3 TL Surig Essig-Essenz • 1 EL zerstoßene Koriandersamen • Salz • frisch gemahlener Pfeffer • 100 g Sahne • 6 EL gehacktes Koriandergrün

ZUBEREITUNG: Den Kürbis vierteln. Kerne und weiche Teile sowie die Schale entfernen. Das Kürbisfleisch in gleichmäßig große Würfel schneiden. Die Zwiebeln klein schneiden, Lauch in Ringe schneiden und sorgfältig waschen. Chilischoten in Ringe schneiden. Zwiebeln, Lauch und Chili in 1 EL Öl anschwitzen und auf einem Teller parken. Restliches Öl in den Topf geben und Kürbisfleisch anschwitzen. Brühe dazu gießen und 10 Min. köcheln lassen. Kokosmilch, Essig-Essenz, zerstoßene Koriandersamen und Zwiebel-Lauch-Mischung dazu geben. Weitere 8 Min. köcheln lassen und mit Salz und Pfeffer abschmecken. Sahne anschlagen, mit gehacktem Koriander mischen und mit dem Gemüse verrühren.

Gartenkräutersauce zu Tofubällchen

ZUTATEN: 6 kleine, feste Tomaten • 1 Zucchino • 3 große Champignons • 220 ml Gemüsebrühe • 150 g Räuchertofu • 1 Bund Schnittlauch in Röllchen • 1 EL mittelscharfer Senf • 2 EL Crème fraîche • Kräutersalz • 1 Bund Petersilie • 1 Bund Kerbel • 50 g Brunnenkresse • 3 Blatt Liebstöckel • 1 gehackte Knoblauchzehe • Sojasauce • 4 EL Olivenöl

ZUBEREITUNG: Die Tomaten häuten, vierteln und die Kerne herausschneiden. Tomatenstücke zum Trocknen in Küchenpapier einschlagen. Den Zucchino waschen und in 2 cm dicke Scheiben schneiden. Die Scheiben dritteln, so dass kleine Dreiecke entstehen. Champignons putzen und klein würfeln. Mit 1 EL Gemüsebrühe in eine Pfanne geben und kurz dünsten. Zerdrückten Räuchertofu, gedünstete Champignonwürfel, Schnittlauchröllchen, Senf und Crème fraîche in einer Schüssel verrühren. Mit Kräutersalz abschmecken. 1–2 Std. abgedeckt ziehen lassen. Für die Sauce Kräuter waschen und trockentupfen. Blättchen von den Stielen zupfen. Kräuter, Knoblauch, Sojasauce, Kräutersalz und Gemüsebrühe im Mixer fein pürieren. Zum Schluss Olivenöl nach und nach dazugeben. Kräutersauce auf 4 Tellern verteilen. Tofumasse zu 12 Klößchen formen, je 3 Klößchen auf der Sauce anrichten. Tomatenviertel so auf die Klößchen legen, dass eine Blume entsteht. Zucchinidreiecke zwischen die Tomatenviertel legen.

Ingwer-Schalotten-Sauce zu geschmorten Eiertomaten

ZUTATEN: 1 gewürfelte Möhre • 1 gewürfelte Stange Sellerie • 2 dicke, geschälte Knoblauchzehen • 5 EL Olivenöl • 1 Lorbeerblatt • 1 Stängel Thymian • 1 Stängel Rosmarin • 1 EL Tomatenmark • 500 ml Tomatensaft • Salz • frisch gemahlener Pfeffer • Zucker • 1 TL frisch geriebener Ingwer • 12 Schalotten • 12 Eiertomaten • 12 milde grüne Chilischoten • 2 EL Limettensaft

TIPP

Chilischoten gibt es in verschiedenen Schärfen. Werden Kerne und Trennwände entfernt, vermindert sich die Schärfe.

ZUBEREITUNG: Die Gemüsewürfel mit den Knoblauchzehen in 1 EL Öl anschwitzen. Lorbeerblatt, Thymian, Rosmarin, Tomatenmark und den Tomatensaft dazugeben. Alles 30 Min. leise köcheln lassen. Die Tomatensaftzubereitung durch ein Sieb streichen und mit Salz, Pfeffer, Zucker und Ingwer abschmecken. Schalotten und Tomaten häuten. Schalotten längs achteln. Stielansätze der Tomaten wegschneiden. Chilischoten waschen. Restliches Öl erhitzen und Schalotten darin ohne Farbe 5 Min. schmoren. Tomaten und Chilischoten hinzufügen und weitere 5 Min. schmoren. Den gewürzten Saft dazugießen, erhitzen und mit Limettensaft abschmecken.

Am besten gut gekühlt mit knusprigem Fladenbrot anrichten.

Grüne Béchamelsauce zu grünen Tomaten

TIPP

In den Wintermonaten werden bei uns aus Italien grüne und grün-orangefarbene Tomaten angeboten. Sie sind klein, rund, fest und schmecken außerordentlich fruchtig. Sie sind bestens für dieses Gericht geeignet.

ZUTATEN: 16 grüne Tomaten • Mehl • 2–3 Eier • etwa 2 Tassen Paniermehl • 4 EL geriebener Parmesan • Salz • frisch gemahlener Pfeffer • Olivenöl • 1 Stängel Rosmarin • 2 geschälte Knoblauchzehen • 4 EL Butter • 30 g Mehl • 250 ml Gemüsebrühe • 250 ml Milch • 100 g junger Gouda • frisch geriebene Muskatnuss • 40 g frische Basilikumblätter • Zitronensaft • 4 EL gehackte Pistazien

ZUBEREITUNG: Die Tomaten waschen, halbieren und die Stielansätze entfernen. Die Rundungen jeweils etwas flach schneiden. Tomaten auf Küchenpapier trocknen. Mehl, Eier und Paniermehl, gemischt mit Parmesan, jeweils auf einen Teller geben. Eier mit Salz und Pfeffer würzen und mit einigen Tropfen Wasser verrühren. Reichlich Öl in einer Pfanne erhitzen, mit Rosmarin und Knoblauch aromatisieren. Die Tomaten mit Mehl bestäuben, durchs Ei ziehen und in das Paniermehl drücken. In heißem Öl auf jeder Seite etwa 1 Min. goldgelb braten. Auf Küchenpapier entfetten und warm halten. Für die Sauce Butter erhitzen. Das Mehl darin kurz rösten. Brühe und Milch angießen, glatt rühren und 10 Min. köcheln lassen. Käse in der Sauce schmelzen lassen. Mit Salz, Pfeffer und Muskat abschmecken. Basilikum mit etwas Zitronensaft pürieren. Mit Pistazien in die Sauce einrühren und zu den Tomaten reichen. Dazu passt goldgelber Safranreis.

Pfefferminz-Tomaten-Sauce zu Zucchiniröllchen

ZUTATEN: 2 gelbe Zucchini à 250 g • 2 grüne Zucchini à 250 g • Olivenöl • Salz • frisch gemahlener Pfeffer • 60 g Pinienkerne • 6 EL gehacktes Basilikum • 6 EL gehackte Petersilie • 1 gewürfelte Schalotte • 2 gehackte Knoblauchzehen • 150 g Feta • 50 g geriebener Pecorino • 200 g Doppelrahmfrischkäse • 1 EL Paniermehl • 500 g Tomaten • 1 gewürfelte Zwiebel • 4 EL gehackte Pfefferminzblätter • 125 ml Gemüsebrühe • Zucker • 2–3 TL Surig Essig-Essenz • 6 Salbeiblätter

ZUBEREITUNG: Zucchini waschen, jede Frucht längs in 8 Scheiben hobeln, Randstücke in feinste Würfel schneiden. Zucchinischeiben in Öl beidseitig kurz anbraten. Mit Salz und Pfeffer würzen. Pinienkerne in einer Pfanne fettfrei rösten. Zwei Drittel davon grob hacken und mit Kräutern, Schalotte, Knoblauch, dem Käse und Paniermehl zu einer streichfähigen Masse verarbeiten, würzen. Je 1 grüne und gelbe Zucchinischeibe aufeinanderlegen, die Füllung darauf streichen, aufrollen und mit Küchengarn umwickeln. Tomaten häuten, entkernen und würfeln. Zwiebelwürfel in 3 EL Öl anschwitzen, Pfefferminze und Brühe hinzufügen und 10 Min. köcheln lassen. Dann durch ein Sieb streichen. Zucchiniwürfel, Tomaten und restliche Pinienkerne in den Sud einrühren, zum Kochen bringen und mit Salz, Pfeffer, Zucker und Essig-Essenz abschmecken. Zucchiniröllchen in der Sauce 5 Min. erhitzen und mit Salbei bestreuen.

Grüne Pfeffersauce zu gegrillten Maiskolben

Tipp

Maiskolben aus der Dose sind bereits gekocht und können direkt gegrillt werden.

Zutaten: 4 frische Maiskolben • 2 EL flüssige Butter • 1 EL Olivenöl • 1 gehackte Schalotte • 1 gehackte Knoblauchzehe • 100 ml trockener Wermut • 3 EL frische grüne Pfefferkörner, ersatzweise eingelegte Pfefferkörner • 150 g Crème fraîche • Salz • Zucker

Zubereitung: Die frischen Maiskolben entblättern und in reichlich Wasser 30 Min. vorgaren und gut abtropfen lassen. Butter und Öl mischen und den Mais damit rundherum bestreichen und grillen. Für die Sauce Schalotte, Knoblauch mit Wermut und zerdrückten Pfefferkörnern fast vollständig einkochen. Crème fraîche einrühren und mit Salz und Zucker abschmecken.

Gorgonzolasauce zu Zucchiniflan

Zutaten: 1 grüner Zucchino à 250 g • 1 gelber Zucchino à 250 g • Butter für die Form • 1 gewürfelte Schalotte • 1 gehackte Knoblauchzehe • 1 EL Butter • 125 ml Gemüsebrühe • 1 Stück Zitronenschale • 2 Eier • 2 Eigelb • 3 EL Crème fraîche • Salz • frisch gemahlener Pfeffer • frisch geriebene Muskatnuss • 250 g Sahne • 100 g Gorgonzola

Zubereitung: Zucchini waschen und trockenreiben, mit einem Sparschäler von jeder Frucht 4 lange Schalenstreifen abziehen. 4 Förmchen (Ø 9–10 cm) einfetten und jeweils 1 grünen und 1 gelben Streifen kreuzfömig überlappend in die Förmchen legen. Gemüse klein schneiden. Schalotten- und Knoblauchwürfel in heißer Butter anschwitzen. Zucchini, Brühe und Zitronenschale hinzufügen, weich kochen, abgießen und gut abtropfen lassen. Zitronenschale entfernen. Brühe sehr stark einkochen, diese mit Eiern, Eigelben und Crème fraîche verrühren. Zucchini grob pürieren und hinzufügen. Mit Salz, Pfeffer und Muskatnuss würzen. Den Ofen auf 200° C vorheizen. Zucchinimasse in die Förmchen füllen, Schalenstreifen darüber legen, mit Alufolie abdecken. Die Förmchen im Wasserbad im Backofen 25–30 Min. garen. Die Sahne erhitzen und den Gorgonzola darin langsam schmelzen lassen, würzen. Jeden Zucchiniflan am Rand mit einem Messer lockern, auf Teller stürzen und mit der Gorgonzolasauce anrichten.

Weinbrand-Oliven-Sauce zu Eiern

ZUTATEN: 8 Eier • 500 g Tomaten • 2 gehackte Zwiebeln • 3 EL Tomatenmark • 2 EL Ajvar (Paprikapüree) • 1 EL mittelscharfer Senf • 1–2 TL Surig Essig-Essenz • 8 schwarze Oliven, ohne Stein • 8 gefüllte grüne Oliven • 50 ml Weinbrand • 50 ml Weißwein • Salz • frisch gemahlener Pfeffer • 1 TL Zucker • Cayennepfeffer

ZUBEREITUNG: Die Eier wachsweich kochen, kalt abschrecken und pellen. Die Tomaten kurz in kochendes Wasser tauchen, häuten und entkernen. Das Innere der Tomaten und die Zwiebeln pürieren. Tomatenfilets klein würfeln. Zwiebelpüree mit gehackten Tomaten, Tomatenmark, Ajvar, Senf und Essig-Essenz gut mischen. Oliven fein hacken. Mit Weinbrand und Weißwein zur Tomatenzubereitung geben, gut verrühren und mit Salz, Pfeffer, Zucker und Cayennepfeffer pikant abschmecken. Die Eier in die Sauce legen und im Kühlschrank mind. 3 Std. durchziehen lassen.

Dazu passen frisches Stangenweißbrot und eine Schüssel mit Friseesalat.

Kräuter-Speck-Sauce zu Eiern

ZUTATEN: 125 g durchwachsener Speck • 4 gewürfelte Schalotten • 1 geschälte Knoblauchzehe • 5 EL Butter • 3 EL Mehl • 250 ml Gemüsebrühe • 250 g Sahne • 2 EL Surig Essig-Essenz • je 1 Bund Schnittlauch, Petersilie, Dill • Salz • frisch gemahlener Pfeffer • frisch geriebene Muskatnuss • 1 EL Zucker • 8 Eier

ZUBEREITUNG: Den Speck sehr fein würfeln und bei milder Hitze auslassen. Schalotten einrühren und den Knoblauch hinzudrücken. Alles kurz anschwitzen. Butter darin zerlassen. Mehl einrühren und mit Brühe und Sahne auffüllen. Die Sauce glatt rühren und 10 Min. leise köcheln lassen. Dann die Essig-Essenz zur Sauce geben. Die Kräuter waschen, trockenschleudern und fein hacken, Schnittlauch in Röllchen schneiden. Kräuter zur Sauce geben, mit Salz, Pfeffer, Muskat und Zucker abschmecken. Die Eier wachsweich kochen, pellen und 5 Min. in der Sauce ziehen lassen.

Dazu schmeckt Kartoffelpüree.

Saucen für Pasta & Co

Was gibt es Schöneres, als einen Teller mit dampfender Pasta und einer aromatischen Sauce aus sonnengereiften Tomaten! Dazu frisch geriebenen Parmigiano Reggiano und eine Flasche alten Chianti classico. Die beliebtesten und berühmtesten Pastasaucen heißen Tomatensauce und Bologneser Sauce. Wie köstlich Pasta mit Gemüse schmeckt, zeigt ein so einfaches wie überraschend gutes Rezept wie Orecchiette mit Brokkoli und roten Zwiebeln. Unübertroffen köstlich die grünen Bandnudeln mit Wildschweinragout und Steinpilzen. Salbei-Schinken-Butter zu Spinat-Ziegenkäse-Nocken ist ebenso hitverdächtig wie die Waldpilzsauce zu gegrillter Polenta oder Auberginen-Minze-Sauce zu Linguine. Gnocchi in herbfruchtiger Sauce und die Gurken-Garnelen-Sauce zu schwarzen Fettuccine runden dieses Kapitel ab.

Pasta Primavera

Zutaten: 400 g grüne Bandnudeln • Salz • 1 Bund Frühlingszwiebeln • 2 Möhren • 500 g Spargelköpfe • 100 g tiefgefrorene Erbsen • Zucker • frisch gemahlener Pfeffer • 100 g Butter • 4 EL gehackter Kerbel • 50 g geriebener Parmesan

Zubereitung: Reichlich Wasser zum Kochen bringen, kräftig salzen und die Nudeln darin bissfest garen. Frühlingszwiebeln putzen, helle Teile klein schneiden, dunkle Teile in Röllchen schneiden und beiseite legen. Möhren und Spargel schälen und in Scheiben bzw. in kleine Stücke schneiden. Die Erbsen auftauen. Das Gemüse in wenig Salzwasser mit etwas Zucker und Pfeffer bissfest garen. Die Butter leicht bräunen, mit Salz und Pfeffer würzen. Gemüse und Zwiebelgrün einrühren, mit Salz und Pfeffer würzen. Nudeln abgießen, in eine angewärmte Schüssel geben und mit Buttergemüse und Kerbel mischen. Den Käse darüber streuen.

Radicchio-Pilz-Sauce zu Tagliatelle

Zutaten: 400 g Tagliatelle • Salz • 1 Radicchio • 300 g braune Champignons • 2 EL Olivenöl • 250 ml Milch • 2 Päckchen Maggi Helle Sauce • 100 g geriebener Gouda • frisch geriebene Muskatnuss • frisch gemahlener Pfeffer • 2 EL gehacktes Basilikum

Zubereitung: Reichlich Wasser zum Kochen bringen, kräftig salzen und die Tagliatelle darin bissfest garen. Den Radicchio putzen, halbieren und in schmale Streifen schneiden. Einige Streifen beiseite legen. Champignons putzen und blättrig schneiden. Pilze in heißem Öl 1 Min. schmoren, Radicchio, Milch und die gleiche Menge Wasser hinzufügen. Das Saucenpulver einrühren und einmal aufkochen. Den Käse fein reiben und in der heißen, nicht kochenden Sauce auflösen. Mit Salz, Pfeffer und Muskatnuss würzen und das Basilikum einrühren. Die Tagliatelle abgießen, mit der Sauce mischen und die frischen Radicchiostreifen darüber streuen.

Tomatensauce zu Spaghetti

TIPP

Tomatensauce schmeckt umso besser, je aromatischer die Tomaten sind. Unter südlicher Sonne im Hochsommer gereifte Früchte sind blassen vorzuziehen. Eine gute Alternative sind geschälte Tomaten aus der Dose.

ZUTATEN: 400 g Spaghetti • Salz • 1 gehackte Zwiebel • 2 gehackte Knoblauchzehen • 1 kg Tomaten • 2 EL Olivenöl • 2 EL Tomatenmark • 1 Lorbeerblatt • frisch gemahlener Pfeffer • 1 TL Honig • 1 EL Balsamessig • 2 EL gehackte Kräuter (Petersilie, Basilikum, Oregano, Thymian) • 2 EL Butter • 125 g frisch geriebener Parmesan

ZUBEREITUNG: Reichlich Wasser zum Kochen bringen, kräftig salzen und die Spaghetti darin bissfest garen. Zwiebel und Knoblauch in heißem Öl anschwitzen. Tomaten waschen, Stielansätze wegschneiden, vierteln und mit Tomtenmark und Lorbeerblatt zu den Zwiebeln geben. Die Tomaten im geschlossenen Topf 5 Min. köcheln lassen. Dabei öfter umrühren. Mit einer Gabel die Tomatenhäute herausfischen. Die Sauce offen leicht cremig einkochen. Mit Salz, Pfeffer, Honig, Balsamessig und gehackten Kräutern abschmecken. Die Spaghetti abgießen, mit der Butter mischen und mit der Sauce anrichten. Dazu reichlich frisch geriebenen Parmesan reichen.

Aurorasauce zu Spaghettini

Zutaten: 400 g Spaghettini • Salz • 200 g gehackte Schalotten • 2 gehackte Koblauchzehen • 3 EL Olivenöl • 125 ml trockener Wermut • 125 ml trockener Weißwein • 2 Lorbeerblätter • 1 Stück Zitronenschale • 4 Stängel Thymian • 2 Stängel Rosmarin • 6 Tomaten • 250 g Sahne • Salz • frisch gemahlener Pfeffer • 1 Bund Basilikum • 75 g gehobelter Pecorino

Zubereitung: Reichlich Wasser zum Kochen bringen, kräftig salzen und die Spaghettini darin bissfest garen. Schalotten und Knoblauch in 2 EL Öl anschwitzen. Wermut, Wein, Lorbeerblätter, Zitronenschale, Thymian und Rosmarin hinzufügen. Alles offen auf knapp 100 ml einkochen. Den Sud durch ein Sieb streichen. Die Tomaten von den Stielansätzen befreien, kurz in kochendes Wasser tauchen, häuten, entkernen und würfeln. Sahne zum Sud gießen, etwas einkochen lassen. Tomaten einrühren, mit Salz und Pfeffer würzen. Basilikum von den Stielen zupfen und mit der Sauce mischen. Spaghettini abgießen, mit dem restlichen Öl mischen, die Sauce dazugeben und mit gehobeltem Pecorino anrichten.

Auberginen-Minze-Sauce zu Linguine

Tipp

Pasta kochen ist gar nicht schwer. Jeweils 100 g bringt man mit 1 l Wasser zum Kochen, salzt kräftig und schüttet die Nudeln ins sprudelnde Wasser. Während des Garens sollte das Wasser weiter sprudeln. Auch wenn auf der Packung eine Garzeit angegeben ist, empfiehlt es sich, nach der Mindestgarzeit zu probieren, ob die Pasta den gewünschten Biss hat.

Zutaten: 400 g Linguine • Salz • 500 g Auberginen • 6 EL Olivenöl • 4 Frühlingszwiebeln • 4 Knoblauchzehen • 1 rote Chilischote • 1/2 gelbe Paprikaschote • 1 EL Tomatenmark • 300 ml Tomatensaft • 1 Dose Pizzatomaten • 3 Lorbeerblätter • 10 Pfefferminzblätter • frisch gemahlener Pfeffer • 2 EL Butter • 150 g geriebener Parmesan

Zubereitung: Reichlich Wasser zum Kochen bringen, kräftig salzen und die Linguine darin bissfest garen. Die Auberginen putzen, waschen und trockenreiben, in sehr kleine Würfel schneiden. Mit etwas Salz bestreuen und mit 2 EL Öl beträufeln. Frühlingszwiebeln, Knoblauchzehen, Chilischote und Paprikaschote putzen, bei Bedarf schälen, entkernen und in feinste Würfel schneiden. Das restliche Öl erhitzen und Zwiebeln, Knoblauch, Chili und Paprika mit Tomatenmark darin kurz anschwitzen. Auberginenwürfel, Tomatensaft, Pizzatomaten und Lorbeerblätter hinzufügen und alles cremig einkochen. Pfefferminzblätter in Streifen schneiden. Die Linguine abgießen und mit der Butter mischen. Die Sauce mit Salz, Pfeffer und Minze abschmecken und mit den Linguine mischen.

Paprika-Zucchini-Sauce zu Pappardelle

Zutaten: 400 g Pappardelle • Salz • 2 kleine Zucchini • je 1 rote, gelbe und grüne Paprikaschote • 2 geschälte Knoblauchzehen • 4 EL Olivenöl • 1 gehackte Chilischote • etwas geriebene Zitronenschale • 4 EL Tomatenketschup • 1 TL frische Thymianblättchen • 1 TL gehackte Rosmarinnadeln • 125 ml Rotwein • frisch gemahlener Pfeffer • 2 EL Butter • 125 g geriebener Fontina

Zubereitung: Reichlich Wasser zum Kochen bringen, kräftig salzen und die Pappardelle darin bissfest garen. Zucchini putzen und waschen. Paprikaschoten halbieren, Kerne und Trennwände entfernen. Die Hälften schälen und in feinste Würfel schneiden. Knoblauch durch die Presse ins heiße Öl drücken. Chili, Gemüsewürfel, Zitronenschale, Ketschup, Thymian, Rosmarin und Rotwein einrühren. Die Gemüsesauce bei milder Hitze im geschlossenen Topf 20 Min. köcheln lassen. Mit Salz und Pfeffer abschmecken. Die Pappardelle abgießen und mit der Butter mischen. Die Sauce dazu geben und den frisch geriebenen Käse getrennt dazu reichen.

Tipp

Paprikaschoten lassen sich leicht mit einem scharfen Sparschäler schälen. Die halbierten Früchte können auch so lange gegrillt werden, bis die Haut schwarz ist. 30 Min. ein feuchtes Tuch darüber legen, dann lässt sich die Haut problemlos abziehen.

Knoblauch-Olivenöl-Sauce zu Capellini

ZUTATEN: 4 geschälte Knoblauchzehen • 4 getrocknete Chilischoten • 400 g Capellini • Salz • 6 EL Olivenöl • frisch gemahlener Pfeffer • 4 EL Butter • 4 EL gehacktes Basilikum

ZUBEREITUNG: Den Knoblauch in dünne Scheiben schneiden. Chilischoten im Mörser oder mit einem Messer zerkleinern. Richtig scharf sind die Kerne der kleinen Schoten. Wer's nicht so pikant mag: Schoten halbieren und die Kerne vor dem Zerkleinern entfernen. Reichlich Wasser zum Kochen bringen und kräftig salzen. Capellini darin bissfest garen. In der Zwischenzeit Olivenöl erhitzen, Knoblauch darin anbraten, Chili dazugeben. Capellini abgießen und zum Olivenöl geben. Mit Salz und Pfeffer würzen, mit Butter und Basilikum verfeinern.

Käse-Sahne-Sauce mit Pfirsichen zu Farfalle

Zutaten: 2 große reife Pfirsiche • 1 geschälte Schalotte • 1 geschälte Knoblauchzehe • 4 EL Butter • 400 g Sahne • 500 g geriebener mittelalter Gouda • etwas Weißwein • 400 g Farfalle • Salz • frisch gemahlener Pfeffer • 1/2 Bund Basilikum

Zubereitung: Die Pfirsiche halbieren, häuten, entkernen und in kleine Würfel schneiden. Feste Pfirsiche kurz in kochendes Wasser tauchen, dann lässt sich die Haut leicht abziehen. Schalotten und Knoblauch klein schneiden und in 2 EL Butter anschwitzen. Sahne dazugießen und zum Kochen bringen. Den Käse in die heiße, nicht kochende Sahne einrühren. Mit Weißwein abschmecken. Reichlich Wasser zum Kochen bringen. Kräftig salzen und die Farfalle darin bissfest garen. Die Nudeln abgießen und mit der restlichen Butter mischen. Pfirsichwürfel in der Sauce erhitzen, mit Salz und Pfeffer abschmecken. Basilikumblätter von den Stielen zupfen und in Streifen schneiden. Farfalle mit der Sauce und Basilikum mischen.

Tipp

Statt der Pfirsiche können auch 200 g frische oder gekochte Garnelen oder die gleiche Menge gekochte Schinkenwürfel verwendet werden.

Brokkoli-Zwiebel-Sauce zu Orecchiette

Zutaten: 500 g Brokkoli • Salz • 4 rote Zwiebeln • 1 Staude italienischer Löwenzahn • 500 g Orecchiette • 4 EL Olivenöl • 2 geschälte Knoblauchzehen • 2 EL Butter • 100 g Sahne • 1 getrocknete Chilischote • frisch gemahlener Pfeffer • 50 g geriebener Parmesan

Zubereitung: Den Brokkoli von Blättern und grobem Strunk befreien. Den Strunk schälen und klein schneiden. Röschen je nach Größe halbieren oder vierteln. In reichlich kochendem Salzwasser bissfest garen und über einem Sieb abgießen. In eiskaltem Wasser abschrecken. Die roten Zwiebeln halbieren und in Streifen schneiden. Löwenzahn von den dicken Stängeln befreien und in mundgerechte Stücke zupfen. Gründlich waschen und trockenschleudern. Reichlich Wasser zum Kochen bringen, kräftig salzen und die Orecchiette bissfest garen. Über einem Sieb abgießen und dabei das Nudelwasser auffangen. Die Zwiebeln in 2 EL Olivenöl glasig dünsten, Brokkoli und Knoblauch zugeben und weitere 5 Min. langsam braten. Löwenzahn und Orecchiette zugeben und mit ein paar Löffeln Nudelwasser begießen. Restliches Olivenöl, Butter und Sahne hinzufügen, kurz durchschwenken. Mit Salz, gehackter Chilischote und Pfeffer pikant würzen. Frisch geriebenen Parmesan getrennt dazu reichen.

Feta-Petersilien-Sauce zu Penne

Zutaten: 400 g Penne • Salz • 50 g Pinienkerne • 150 g Feta • 150 g Crème fraîche • 4 geschälte Knoblauchzehen • 1 Bund gehackte Petersilie • etwas geriebene Zitronenschale • 1 rote, gehackte Chilischote • 1 grüne, gehackte Chilischote • 250 g Kirschtomaten • 2 grobe Bratwürste • 100 g geschälte Schalotten • 2 EL Olivenöl • 2 EL frische Thymianblättchen • 2 EL Butter

Zubereitung: Reichlich Wasser zum Kochen bringen und kräftig salzen. Die Penne darin bissfest garen. Pinienkerne in einer Pfanne fettfrei leicht rösten. Fetakäse zerdrücken und mit der Creme fraîche glatt rühren. Knoblauch hinzupressen, gehackte Petersilie, Zitronenschale und Chilischoten hinzufügen. Penne abgießen und das Kochwasser auffangen. Die Fetacreme mit etwas Nudelkochwasser cremig rühren. Die Tomaten waschen und die Stielansätze wegschneiden. Die Früchte halbieren. Aus den Bratwürsten kleine Bällchen herausdrücken. Zwiebeln in schmale Streifen schneiden. Bällchen in heißem Öl 3 Min. braten. Zwiebeln und Tomaten hinzufügen und weitere 5 Min. schmoren. Mit Salz und Pfeffer würzen. Die heißen Penne mit Butter und der Bratwurst-Zwiebel-Tomaten-Mischung mischen. Die heiße Feta-Petersilien-Sauce darüber gießen und mit den Pinienkernen und Thymianblättchen bestreuen.

Tipp

Anstelle von Feta kann diese Sauce auch mit der gleichen Menge Gorgonzola oder Roquefort zubereitet werden. Wer Lamm-Bratwurst bekommt, schneidet sie in Scheiben und brät sie statt der Schweine-Hackfleischbällchen in etwas Olivenöl knusprig.

Pfifferlingsauce zu Tagliatelle

Zutaten: 500 g grüner Spargel • Salz • 60 g Butter • 250 g Tagliatelle • 8 Scheiben geräucherter Schinken • 400 g Pfifferlinge • 1 geschälte Schalotte • 1 Stängel Thymian • 4 EL Olivenöl • 200 g Sahne • frisch gemahlener Pfeffer • 125 g Parmesan

Zubereitung: Den Spargel schälen, holzige Enden entfernen, Spargelstangen längs halbieren, in leise köchelndem Salzwasser 10 Min. garen. Heraus nehmen, abtropfen lassen und in einer Kasserolle mit 20 g Butter auf dem Herd warm halten. Reichlich Wasser zum Kochen bringen, kräftig salzen und die Tagliatelle darin bissfest kochen. Schinken in Streifen schneiden. Pfifferlinge putzen, waschen, Schalotte klein schneiden, Thymian abzupfen und zusammen 5–8 Min. in der restlichen Butter dünsten. Sahne dazugießen. Tagliatelle abgießen, abtropfen lassen und zusammen mit dem Spargel und den Pfifferlingen anrichten. Schinken darüber geben, mit Olivenöl beträufeln, alles salzen und pfeffern und mit frisch geriebenem Parmesan bestreuen.

Spaghetti Bolognese

ZUTATEN: 2 Stangen Sellerie • 1 Möhre • 2 Zwiebeln • 3 Knoblauchzehen • 600 g gemischtes Hackfleisch • Salz • frisch gemahlener Pfeffer • 4 EL Olivenöl • 2 EL Tomatenmark • 1 Dose Tomaten (800 g) • 1 Stängel Rosmarin • 1 Stängel Thymian • 400 g Spaghetti • 2 EL Butter • 1/2 TL Oregano • Cayennepfeffer • 125 g geriebener Parmesan

ZUBEREITUNG: Den Sellerie und die Möhre putzen und schälen, Zwiebeln und Knoblauch abziehen und alles in kleine Würfel schneiden. Das Hackfleisch mit Salz und Pfeffer würzen und in heißem Olivenöl krümelig braten. Klein geschnittenes Gemüse, Zwiebeln, Knoblauch und Tomatenmark dazugeben und 5 Min. schmoren. Dabei immer wieder umrühren. Die Tomaten über einem Sieb abtropfen lassen, den Saft dabei auffangen. Die Tomaten grob hacken, mit dem Saft und den frischen Kräutern zum Hackfleisch geben. Zugedeckt bei kleiner Hitze etwa 1 Std. köcheln lassen. Dabei immer wieder umrühren. Reichlich Wasser zum Kochen bringen, kräftig salzen und die Spaghetti darin kochen. Auf ein Sieb schütten, abtropfen lassen und mit Butter mischen. Die Sauce mit Oregano, Salz, Pfeffer und Cayennepfeffer würzen und zu den Spaghetti servieren. Frisch geriebenen Parmesan dazu reichen.

Amatriciana-Sauce zu Bevette

Zutaten: 3 geschälte Zwiebeln • 2 geschälte Knoblauchzehen • 200 g durchwachsener Speck ohne Schwarte • 6 Tomaten • 2 EL Olivenöl • 1 Dose Pizzatomaten • Salz • frisch gemahlener Pfeffer • 400 g Bevette • 4 EL gehackte glatte Petersilie • 2 hart gekochte Eier • 100 g geriebener Parmesan

Zubereitung: Die Zwiebeln halbieren und in Streifen schneiden. Knoblauch fein hacken. Den Speck in dünne Streifen schneiden. Die Tomaten von den Stielansätzen befreien und in kochendes Wasser tauchen. Mit einer Schaumkelle heraus nehmen, in eiskaltem Wasser abschrecken und häuten. Tomaten vierteln, entkernen und ebenfalls in Streifen schneiden. Zwiebeln und Speck in Olivenöl anbraten und mit den Pizzatomaten aufgießen. Etwa 15 Min. leise köcheln lassen, dann die Tomatenstreifen dazugeben und mit Salz und Pfeffer würzen. Reichlich Wasser zum Kochen bringen, kräftig salzen und die Bevette bissfest kochen. Die Nudeln abgießen und dabei etwas Nudelwasser auffangen. Die Bevette mit der Zwiebelsauce vermengen, ein paar Löffel Nudelwasser zugeben und mit gehackter Petersilie verfeinern. Auf Tellern anrichten, mit gehacktem Ei und Parmesan bestreuen.

Wildschweinragout zu Bandnudeln

ZUTATEN: 500 g Wildschweinschulter • Salz • frisch gemahlener Pfeffer • 2 EL Öl • 1 geschälte Möhre • 1/4 geschälter Knollensellerie • 4 geschälte Zwiebeln • 2 EL Tomatenmark • 5 Pfefferkörner • 2 Pimentkörner • 5 Wacholderbeeren • 2 Gewürznelken • 1 Lorbeerblatt • 250 ml Rotwein • 750 ml Fleischbrühe • 350 g breite grüne Bandnudeln • 250 g Steinpilze • 2 EL Butter • 1 gewürfelte Schalotte • 4 EL gehackte Petersilie

ZUBEREITUNG: Die Wildschweinschulter in grobe Würfel schneiden. Salzen, pfeffern und in Öl anbraten. Möhre, Sellerie und Zwiebeln in grobe Würfel schneiden und mit dem Tomatenmark 5 Min. mitbraten. Ofen auf 180° C vorheizen. Die Gewürze grob zerreiben und das Fleisch damit würzen. Etwas Rotwein angießen und die Flüssigkeit reduzieren lassen. Diesen Vorgang wiederholen. Mit 500 ml Brühe aufgießen und im Ofen zugedeckt 2 1/2 Std. schmoren lassen. Nach etwa 1 Std. mit der restlichen Brühe begießen. Die Fleischstücke heraus nehmen, die Sauce durch ein feines Sieb passieren, mit Salz und Pfeffer würzen. Die Fleischstücke in kleine Stücke zupfen und zur Sauce geben. Reichlich Wasser zum Kochen bringen, kräftig salzen und die Nudeln darin bissfest garen, abgießen. Die Steinpilze putzen und in Scheiben schneiden. In heißer Butter von beiden Seiten anbraten. Schalotte dazugeben und kurz durchschwenken. Mit Salz und Pfeffer würzen und mit Petersilie verfeinern. Die Bandnudeln mit dem Ragout und den Steinpilzen mischen.

Bucatini alla Carbonara

Zutaten: 200 g durchwachsener Speck • 1 Zwiebel • 400 g Bucatini • Salz • 2 EL Olivenöl • 300 g Sahne • 6 Eigelb • 100 g Parmesan • frisch gemahlener Pfeffer

Zubereitung: Den Speck von Schwarte und Knorpeln befreien und in kleine Würfel schneiden. Zwiebel schälen und ebenfalls in kleine Würfel schneiden. Reichlich Wasser zum Kochen bringen, kräftig salzen und die Bucatini darin bissfest garen. Auf ein Sieb schütten und abtropfen lassen. In der Zwischenzeit in einer großen Pfanne Speck- und Zwiebelwürfel in erhitztem Olivenöl bei schwacher Hitze glasig braten. Sahne mit Eigelben und 30 g Parmesan verrühren und mit Salz und Pfeffer würzen. Die heiße Pasta mit Speck und Zwiebeln vermischen und mit der Sahnesauce begießen. Kurz erhitzen, dabei immer wieder rühren. Darauf achten, dass die Sauce auf keinen Fall kocht, da sonst die Eigelbe gerinnen. Die Pasta mit schwarzem Pfeffer abschmecken. Restlichen Parmesan getrennt dazu reichen.

Gurken-Garnelen-Sauce zu schwarzen Fettuccine

ZUTATEN: 400 g schwarze Fettuccine • Salz • 1 Salatgurke • 2 geschälte Knoblauchzehen • 2 geschälte Schalotten • 4 EL Butter • 1 rote, gehackte Chilischote • 250 g Mascarpone • 4 EL Zitronensaft • Cayennepfeffer • 4 EL gehackter Dill • Zucker • 250 g gekochte, geschälte Garnelen • 10 schwarze Oliven, ohne Stein • 100 g geriebener Gruyère

ZUBEREITUNG: Reichlich Wasser zum Kochen bringen, kräftig salzen und die Fettuccine darin bissfest garen. Die Gurke schälen, längs vierteln und die Kerne herauslösen. Die Gurke in 1 cm großeWürfel schneiden. Knoblauch und Schalotten fein würfeln und in 2 EL heißer Butter anschwitzen. Gurkenwürfel hinzufügen und 5 Min. schmoren. Chili und Mascarpone einrühren und weitere 5 Min. garen. Mit Salz, Zitronensaft, Cayennepfeffer, Dill und Zucker abschmecken. Die Fettuccine abgießen und mit der restlichen Butter verfeinern. Die Garnelen zur Sauce geben und noch einmal erhitzen. Die Oliven in schmale Streifen schneiden und mit der Sauce mischen. Sauce und Fettuccine mischen und den frisch geriebenen Käse getrennt dazu reichen.

TIPP

Wer keine Garnelen mag, nimmt stattdessen die gleiche Menge kleine Pfifferlinge. Sie werden kurz in Butter geschmort und erst zum Schluss mit der fertigen Mascarponesauce gemischt.

Krustentiersauce zu Pasta

TIPP

In dieser kräftigen Krustentiersauce können Garnelen erhitzt und zu beliebiger Pasta gereicht werden.

ZUTATEN: 500 g Schalen von Flusskrebsen, Garnelen und Kaisergranat • 50 g Butter • 1 Bund Suppengrün • 2 geschälte Zwiebeln • 2 geschälte Knoblauchzehen • 1 EL Tomatenmark • 1 Dose Pizzatomaten • 2 Lorbeerblätter • 2 Stängel Thymian • 2 Stängel Rosmarin • 1 Stück Zitronenschale • 1/2 TL Fenchelsamen • 1 TL Pfefferkörner • 1 TL Pimentkörner • 1 TL Koriandersamen • 125 ml Weißwein • 125 ml weißer Portwein • Salz • frisch gemahlener Pfeffer

ZUBEREITUNG: Die Krustentierschalen auf einem Backblech ausbreiten und im Backofen bei 120° C 2 Std. trocknen lassen. Die Butter zerlassen und die Krustentierschalen darin 3 Min. braten. Suppengrün putzen, bei Bedarf schälen und fein würfeln. Zwiebeln und Knoblauch ebenfalls klein schneiden. Alles zu den Krustentierschalen geben und kräftig anbraten. Tomatenmark, Pizzatomaten, alle Gewürze und Kräuter, Weißwein, Portwein und 1 l Wasser hinzufügen und offen 1 Std. köcheln lassen. Den Sud durch ein feines Sieb gießen und auf die gewünschte Konsistenz einkochen. Mit Salz und Pfeffer würzen.

Salbei-Schinken-Butter zu Spinat-Ziegenkäse-Nocken

Zutaten: 500 g frischer Blattspinat • Salz • 100 g Ziegenfrischkäse • 2 Eier • frisch geriebene Muskatnuss • frisch gemahlener Pfeffer • 80 g geriebenes Weißbrot • 80 g geriebener Parmesan • 100 g Mehl • 100 g Butter • 8 Scheiben hauchdünn geschnittener Parmaschinken • 2 Stängel Salbei

Zubereitung: Den Blattspinat putzen, waschen und in reichlich kochendem Salzwasser blanchieren. Über einem Sieb abgießen und in eiskaltes Wasser tauchen. Abtropfen lassen, gut ausdrücken und grob hacken. Den Ziegenkäse mit Blattspinat und Eiern mischen und mit Salz, Muskat und Pfeffer abschmecken. Geriebenes Weißbrot, Parmesan und Mehl einarbeiten. Miteinander verrühren, bis ein homogener Teig entsteht. Mit zwei Teelöffeln Nocken abstechen und in siedendem Salzwasser etwa 4 Min. ziehen lassen. Die Butter aufschäumen lassen und den in Streifen geschnittenen Parmaschinken sowie die abgezupften Salbeiblätter darin anschwitzen. Die Nocken mit einer Schaumkelle aus dem Wasser nehmen, auf Tellern anrichten und mit der heißen Butter begießen.

Tipp

Ziegenkäse ist nicht jedermanns Sache. Stattdessen können Sie auch Doppelrahmfrischkäse mit und ohne Kräuter verwenden.

Tomaten-Rotwein-Sauce zu Tortelloni mit Salami

ZUTATEN: 750 g frische Tortelloni mit Käsefüllung • Salz • 1 grüne Paprikaschote • 1 rote Paprikaschote • 250 g rote, geschälte Zwiebeln • 2 geschälte Knoblauchzehen • 2 EL Olivenöl • 250 ml Rotwein • 100 ml Portwein • 2 Lorbeerblätter • 1 Dose Pizzatomaten • 1 TL Paprikapulver • 100 g Sahne • frisch gemahlener Pfeffer • 100 g Fenchelsalami in dünnen Scheiben • 250 g Büffelmozzarella • 1/2 Bund Oregano

ZUBEREITUNG: Reichlich Wasser zum Kochen bringen, kräftig salzen und die Tortelloni darin bissfest garen. Die Paprikaschoten schälen und in feinste Streifen schneiden. Zwiebeln ebenfalls in dünne Streifen schneiden, Knoblauch durch die Presse drücken. Olivenöl erhitzen und Paprika, Zwiebeln und Knoblauch darin anschwitzen. Rotwein, Portwein und Lorbeerblätter hinzufügen und um zwei Drittel einkochen. Tomaten, Paprikapulver und Sahne hinzufügen und einmal kräftig aufkochen. Den Ofen auf 200° C vorheizen. Eine feuerfeste Form einfetten. Tortelloni abgießen und in die Form legen. Tomatenzubereitung darüber gießen. Die Salamischeiben dazwischen legen. Den Mozzarella in Scheiben schneiden und auf die Tortelloni legen. Mit Salz, Pfeffer und einigen Oreganoblättern bestreuen. 25–30 Min. im heißen Ofen überbacken. Zum Schluss mit den restlichen frischen Oreganoblättern bestreuen.

Tamarillo-Tomaten-Sauce zu Ravioli

ZUTATEN: 750 g frische Ravioli mit Spinat • Salz • 5 Tamarillo • 350 g Tomaten • 2 gewürfelte Schalotten • 4 EL Butter • 350 ml Rotwein • 1 EL eingelegte grüne Pfefferkörner • frisch gemahlener Pfeffer • 40 g Pinienkerne • 1 Stängel Rosmarin • 100 g geriebener Fontina

ZUBEREITUNG: Reichlich Wasser zum Kochen bringen und kräftig salzen. Die Ravioli darin nach Packungsaufschrift bissfest garen. Die Tamarillo schälen und fein würfeln. Die Tomaten kurz in kochendes Wasser tauchen, häuten, entkernen und klein schneiden. Schalotten in 2 EL Butter anschwitzen. Tomaten und Tamarillo mit Wein zu den Schalotten geben und 10 Min. sprudelnd kochen. Die Sauce durch ein feines Sieb streichen. Die restliche Butter und die Pfefferkörner in die Sauce rühren, mit Salz und Pfeffer abschmecken. Die Ravioli abgießen und mit der Sauce mischen. Pinienkerne leicht rösten. Pinienkerne und Rosmarinnadeln über die Ravioli streuen. Frisch geriebenen Fontina getrennt dazu reichen.

Spargel-Estragon-Sauce zu Ravioli

ZUTATEN: 750 g Spargel • Salz • Zucker • 4 EL Butter • 2 gehackte Schalotten • 75 g gewürfelter Schinkenspeck • 6 EL Weißweinessig • 4 EL Spargelbrühe • 2 Eigelb • 2 EL Olivenöl • 4 EL gehackter Estragon • Cayennepfeffer • 8 Kirschtomaten • 750 g frische Ravioli mit Fleischfüllung • 100 g geriebener Parmesan

ZUBEREITUNG: Den Spargel schälen, holzige Enden wegschneiden. Die Spargelstangen in 3 cm lange Stücke schneiden. 1 l Wasser mit Salz, 1 Prise Zucker und 1 TL Butter zum Kochen bringen und den Spargel darin 8 Min. garen. Schalotten und Schinkenspeck würfeln, in 2 EL Butter anschwitzen. Weißweinessig und Spargelbrühe angießen und zum Kochen bringen. Die Eigelbe mit 2 EL warmem Wasser cremig rühren. Den Saucenansatz durch ein Sieb zu den Eigelben streichen. Mit der restlichen Butter, Olivenöl, Estragon, Salz und Cayennepfeffer abschmecken. Den Spargel abgießen. Die Stielansätze der Kirschtomaten wegschneiden. Die Früchte vierteln und mit dem Spargel zur Sauce geben. Reichlich Wasser zum Kochen bringen, kräftig salzen und die Ravioli darin bissfest garen. Anschließend abgießen und gut abtropfen lassen. Die Sauce noch einmal erhitzen und mit den Ravioli mischen. Frisch geriebenen Parmesan getrennt dazu reichen.

Salbei-Walnuss-Butter zu Ravioli

ZUTATEN: 750 g frische Ravioli mit Ricottafüllung • Salz • 1 Bund frischer Salbei • 8 EL Walnussöl • 1 geschälte Schalotte • 1 geschälte Knoblauchzehe • 15 grob gehackte Walnusskerne • 1 unbehandelte Zitrone • 75 g Butter • 100 g Räucherlachs • 50 g geriebener Parmesan

ZUBEREITUNG: Reichlich Wasser zum Kochen bringen und kräftig salzen. Die Hälfte der Salbeistängel ins Kochwasser geben und die Ravioli darin bissfest garen. Die restlichen Salbeiblätter von den Stielen zupfen und grob zerpflücken. Die Hälfte des Walnussöls erhitzen. Schalotte und Knoblauch fein würfeln und darin anschwitzen. Salbeiblätter und grob gehackte Walnüsse hinzufügen. Zitrone heiß waschen, trockenreiben und die Hälfte der Schale zu den Walnüssen reiben. Die Frucht auspressen. Den Saft mit dem restlichen Öl und der Butter zur Salbei-Nuss-Butter geben. Den Räucherlachs in schmale Streifen schneiden. Die Ravioli abgießen, die heiße Salbei-Nuss-Butter darüber gießen und mit den Lachsstreifen mischen. Frisch geriebenen Parmesan getrennt dazu reichen.

TIPP

In italienischen Feinkostgeschäften werden eine Reihe frisch zubereiteter Ravioli, Tortelloni und andere Pastaspezialitäten angeboten. Auch in den Tiefkühltruhen der Supermärkte sind Ravioli und Tortelloni zu finden.

Waldpilzsauce zu gegrillter Polenta

Zutaten: 250 ml Milch • 250 ml Geflügelbrühe • 80 g Knoblauchbutter • Salz • frisch geriebene Muskatnuss • 150 g Maisgrieß • 1 Ei • 1 Eigelb • 100 g gehackte Schalotten • 2 gehackte Knoblauchzehen • 60 g Butter • 250 g Pfifferlinge • 250 g Steinpilze • 1 EL frische Thymianblättchen • 4 EL Crème fraîche

Zubereitung: Milch mit Brühe und 2 EL Knoblauchbutter erhitzen. Kräftig mit Salz und Muskatnuss abschmecken und den Maisgrieß einrühren. Die Polenta unter Rühren garen, Ei und Eigelb hinzufügen. Ein Backblech einfetten und die Polenta fingerdick darauf streichen. Schalotten und Knoblauch in der Hälfte der Butter anschwitzen. Pilze putzen und klein schneiden. Zu den Schalotten geben und 3 Min. schmoren. Restliche Butter, Thymian und Crème fraîche einrühren und mit Salz und Pfeffer würzen. Abgekühlte Polenta in Rechtecke schneiden und unter dem Grill auf jeder Seite 3–4 Min. bräunen. Die restliche Knoblauchbutter in Scheiben schneiden und auf den Polentaschnitten verteilen. Die Waldpilzsauce getrennt dazu reichen.

Tipp

Die Polentaschnitten können auch in heißem Olivenöl oder Butterschmalz in der Pfanne gebraten werden.

Gorgonzola-Birnen-Sauce zu Gnocchi

ZUTATEN: 500 g mehlig kochende Kartoffeln • 50 g Kartoffelstärke • 25 g Blütenzarte Köllnflocken • 1 Eigelb • Salz • frisch gemahlener Pfeffer • frisch geriebene Muskatnuss • Mehl zum Bearbeiten • 250 g Sahne • 150 g Gorgonzola • 1 Birne • Zitronensaft • 4 EL frische Majoranblättchen

ZUBEREITUNG: Die Kartoffeln mit Schale weich kochen, pellen und durch die Kartoffelpresse drücken. Mit Stärke, Köllnflocken und Eigelb mischen, mit Salz, Pfeffer und Muskatnuss würzen. Den Kartoffelteig auf einer bemehlten Arbeitsfläche zu einer rund 3 cm dicken Rolle formen und in 1 cm dicke Scheiben schneiden. Diese Scheiben mit einer Gabel leicht auseinander drücken. Reichlich Wasser zum Kochen bringen, kräftig salzen und die Gnocchi darin garen, bis sie an der Oberfläche schwimmen. Für die Sauce die Sahne erhitzen und den Käse darin schmelzen lassen. Die Birne waschen, vierteln, entkernen und in schmale Spalten schneiden. Zur Sauce geben und mit Salz, Pfeffer und Zitronensaft abschmecken. Die Gnocchi abgießen, mit der Sauce begießen und den Majoran darüber streuen.

Salatsaucen & Dressings

Die einfachste Salatsauce besteht aus einem guten Essig, hervorragendem Öl, Salz und Pfeffer. Vorbei sind die Zeiten, in denen den Verbrauchern nur Rotwein- und Weißweinessig sowie ein geschmacksneutrales Pflanzenöl zur Verfügung standen. Heute wählen Feinschmecker zwischen Apfel-, Sherry-, Himbeer-, Holunder-, Kirsch- und Champagneressig und vielen anderen. Nicht zu vergessen den beliebten Würzessig aus Modena, Aceto Balsamico, den Balsamessig,. Zahlreiche Öle verwöhnen uns mit feinem Nussgeschmack; groß ist die Auswahl an erstklassigen milden, fruchtigen und würzigen Olivenölen. Versuchen Sie auch einmal Mohnöl, Leinöl und süßes Mandelöl.

Erdbeer-Mandel-Dressing zu Spargel-Erdbeer-Salat

TIPP

Mandelmus und Mandelöl finden Sie in Reformhäusern und Bioläden.

ZUTATEN: 750 g grüner Spargel • Salz • Zucker • 1 TL Butter • 300 g Erdbeeren • 5–6 EL Erdbeeressig • 2 EL Mandelmus • 4 EL Mandelöl • frisch gemahlener Pfeffer • 1 EL feinst gehackte Mandeln

ZUBEREITUNG: Vom Spargel nur den unteren Teil schälen, holzige Enden wegschneiden. 1 l Wasser zum Kochen bringen, mit Salz, 1 Prise Zucker und Butter mischen und die Spargelstangen darin 8 Min. garen. Den Spargel heraus nehmen und in eine flache Schale legen. Spargelwasser aufheben. Erdbeeren putzen, waschen und gut abtropfen lassen. 125 g Erdbeeren klein schneiden und mit 1 EL Zucker mischen, anschließend pürieren. Die restlichen Erdbeeren vierteln und zum Spargel geben. Den Essig mit Mandelmus und Mandelöl sowie etwas Spargelkochwasser cremig rühren. Mit Salz und Pfeffer abschmecken und über den Spargel und die Erdbeeren gießen. Das Erdbeerpüree darüber löffeln. Zum Schluss mit den gehackten Mandeln bestreuen.

Himbeervinaigrette zu Brunnenkressesalat

Zutaten: 400 g Putenschnitzel • Salz • frisch gemahlener Pfeffer • 3 EL Sonnenblumenöl • je 1 Prise Zitronen- und Orangenschale • 120 g Brunnenkresse • 3 EL Himbeeressig • 2 EL Wasser • 2 EL Walnussöl • Zucker • 12 Himbeeren • 1 EL Butter

Zubereitung: Das Fleisch in schmale Streifen schneiden und mit Salz und Pfeffer würzen. Putenstreifen mit 1 EL Sonnenblumenöl, Zitronen- und Orangenschale etwa 15 Min. marinieren. Die Brunnenkresse putzen, waschen und gut abtropfen lassen. Essig, Wasser, Walnuss- und restliches Sonnenblumenöl miteinander verrühren und mit Salz, Pfeffer und 1 Prise Zucker würzen. Himbeeren vorsichtig unter die Vinaigrette rühren. Butter in einer beschichteten Pfanne erhitzen und die Putenstreifen darin langsam goldbraun braten. Brunnenkresse mit den gebratenen Putenbruststreifen anrichten und mit Himbeervinaigrette beträufeln.

Orangendressing zu Spargel-Zuckerschoten-Salat

Zutaten: 500 g Spargel • 200 g Zuckerschoten • Salz • 1 TL Butter • Zucker • 125 g gekochter Schinken • 4 EL Kürbiskerne • 2 unbehandelte Orangen • 4 EL Zitronensaft • frisch gemahlener Pfeffer • 8 EL Olivenöl • 1 Handvoll Bärlauch oder Kerbel

Zubereitung: Den Spargel sorgfältig schälen und in mundgerechte Stücke teilen. Zuckerschoten putzen, waschen und quer halbieren. Spargel in Salzwasser mit Butter und etwas Zucker, Zuckerschoten in wenig Salzwasser bissfest garen. Das Gemüse abgießen und abtropfen lassen. Etwas Spargelkochwasser aufbewahren. Schinken in schmale Streifen schneiden. Kürbiskerne in einer Pfanne fettfrei rösten. Orangen heiß waschen, trockenreiben und die Schale von 1 Frucht mit einem Zestenreißer abziehen. Beide Früchte wie einen Apfel schälen und die Filets lösen. Rückstände über einer Schüssel ausdrücken. Orangensaft, Zitronensaft, Salz, Pfeffer, Öl und etwas Spargelkochwasser cremig rühren. Spargel, Zuckerschoten, Schinkenstreifen, Kürbiskerne und Orangenfilets auf einer Platte anrichten. Die Orangenschalenstreifen darüber streuen und mit dem Dressing beträufeln. Bärlauch oder Kerbel darüber zupfen.

Tipp

Bärlauch wird im Frühjahr frisch auf Wochenmärkten angeboten. Naturfreunde finden das duftende Kraut auf feuchtem Untergrund. Aber bitte nicht mit Maiglöckchenblättern verwechseln! Bärlauch erkennt man am typischen Knoblauchgeruch.

Parmesandressing zu Kartoffel-Spargel-Salat

ZUTATEN: 1 kg Salatkartoffeln • 500 g grüner Spargel • Salz • 1/2 Brühwürfel • 1 geschälte Gemüsezwiebel • 1 hart gekochtes Ei • 3 EL Knoblauchessig • 6 EL Olivenöl • frisch gemahlener Pfeffer • 4 EL geriebener Parmesan • 1 Bund Petersilie

ZUBEREITUNG: Die Kartoffeln waschen und mit der Schale 25 Min. kochen. Spargel waschen, den unteren Teil schälen, holzige Enden herausschneiden. Spargel in 2 cm große Stücke schneiden, in 250 ml kochendem Salzwasser 8 Min. bissfest garen, aus dem Wasser nehmen und abtropfen lassen. Spargelwasser noch einmal aufkochen, Brühwürfel darin auflösen und über die fein gehackte Gemüsezwiebel in eine Salatschüssel gießen. Hart gekochtes Ei schälen, würfeln und zu der Zwiebel geben. Essig, Öl, Salz, Pfeffer und Parmesan zu einer Marinade verrühren, in die Salatschüssel geben. Alles gut miteinander mischen. Kartoffeln pellen, in dünne Scheiben schneiden und noch warm unter die Marinade heben. Gewaschene, fein gehackte Petersilie, Spargel und Kartoffeln miteinander mischen und 30 Min. durchziehen lassen.

Honigdressing zu Tomaten-Rucola-Salat

ZUTATEN: 2 EL Akazienhonig • 6 EL Zitronensaft • 2 EL Balsamessig • 4 EL Mandelöl • 4 EL Sonnenblumenöl • Salz • frisch gemahlener Pfeffer • 2 Frühlingszwiebeln • 4 EL Mandelblättchen • 750 g Kirschtomaten • 1 Bund Rucola • 4 große, geschälte Knoblauchzehen • 1 EL Butter • 1 TL Olivenöl

ZUBEREITUNG: Den Honig mit Zitronensaft, Balsamessig, den beiden Ölsorten, Salz und reichlich Pfeffer cremig rühren. Frühlingszwiebeln putzen und in sehr feine Scheiben schneiden. Mandelblättchen in einer Pfanne fettfrei goldgelb rösten. Tomaten und Rucola waschen. Die Stielansätze aus den Tomaten schneiden und die Früchte vierteln. Rucolablättchen von den Stielen zupfen. Die Knoblauchzehen längs in feine Scheiben hobeln. Butter mit Öl erhitzen und die Knoblauchscheiben darin knusprig braten. Tomaten und Rucola auf einer Platte anrichten. Frühlingszwiebeln, Mandeln und gebratenen Knoblauch darüber verteilen und mit dem Dressing beträufeln.

TIPP

Statt der Kirschtomaten können auch aromatische Strauchtomaten oder Eiertomaten verwendet werden.

Walnussdressing zu Rindfleisch-Bohnen-Salat

ZUTATEN: 150 g getrocknete weiße Bohnen • 6 EL Walnussöl • 2 Stängel Thymian • 1 Stängel Rosmarin • 1 Lorbeerblatt • 4 EL Balsamessig• Salz • Zucker • frisch gemahlener Pfeffer • 6 fein gehackte Walnüsse • 1 Bund Rucola • 2 Entrecôte à 250 g

ZUBEREITUNG: Die weißen Bohnen in reichlich handwarmem Wasser über Nacht einweichen. Dann auf einem Sieb abtropfen lassen und in 1 EL erhitztem Öl kurz anbraten. Mit Wasser aufgießen, Thymian, Rosmarin und Lorbeer hinzufügen und die Bohnen bei schwacher Hitze weich kochen. Die gegarten Bohnen über einem Sieb abgießen und mit 5 EL Öl und Essig marinieren. Mit Salz, Zucker und Pfeffer würzen und mit gehackten Walnüssen verfeinern. Die Entrecôte mit Salz und Pfeffer würzen und in einer Grillpfanne von beiden Seiten je nach gewünschter Garstufe 6–8 Min. braten. Aus der Pfanne nehmen, in Alufolie wickeln und 5 Min. ruhen lassen. Den lauwarmen Bohnensalat mit geputzten, gewaschenen und gut abgetropften Rucolablättern vermengen und auf Tellern anrichten. Das Fleisch aus der Alufolie nehmen und mit einem scharfen Messer in dünne Scheiben schneiden, portionsweise auf den vorbereiteten Tellern verteilen und mit dem ausgetretenen Bratensaft beträufeln. Je nach Geschmack mit grobem Pfeffer bestreuen.

Jogurt-Kräuter-Dressing zu Spargel-Rucola-Salat

ZUTATEN: 750 g Spargel • Salz • Zucker • 2 TL Surig Essig-Essenz • 250 g Kirschtomaten • 1 Bund Rucola • 200 g griechischer Jogurt • 3 EL Olivenöl • 4 EL Orangensaft • etwas geriebene Orangenschale • frisch gemahlener Pfeffer • 1 geschälte Knoblauchzehe • 2 EL gehackte Petersilie • 2 EL gehackter Dill • 2 EL Schnittlauchröllchen • 4 Scheiben Toastbrot • 2 EL Butter • Kräutersalz

ZUBEREITUNG: Den Spargel schälen und in mundgerechte Stücke schneiden. 750 ml Salzwasser mit etwas Zucker und 1 TL Essig-Essenz zum Kochen bringen und den Spagel darin bissfest garen. Abgießen und das Kochwasser auffangen. Tomaten und Rucola waschen und trocknen. Die Stielansätze der Tomaten wegschneiden. Die Früchte halbieren oder vierteln. Rucola von den Stielen zupfen. Jogurt mit der restlichen Essig-Essenz, 2 EL Öl, Orangensaft, Orangenschale und etwas Spargelkochwasser cremig rühren. Mit Salz, Pfeffer, durchgedrückter Knoblauchzehe und den Kräutern würzen. Toastbrot entrinden und in kleine Würfel schneiden. Restliches Öl mit der Butter erhitzen, die Brotwürfel darin knusprig braten. Mit Kräutersalz würzen. Spargel, Tomaten, Rucola und Brotwürfel anrichten und mit dem Dressing beträufeln.

Kokosmilchdressing zur Rohkostplatte

ZUTATEN: 330 ml gesüßte Kokosnusscreme • 50 g frisch geriebener Ingwer • 1 EL Curry • 2 TL Surig Essig-Essenz • Salz • frisch gemahlener Pfeffer • 2 EL Crème fraîche • 500 g Spitzkohl • 2 Bund Radieschen • 400 g Salatgurke • 400 g Möhren • 2 Beete Kresse

ZUBEREITUNG: Aus Kokoscreme, Ingwer, Curry, Essig-Essenz, Salz, Pfeffer und Crème fraîche ein Dressing rühren. Spitzkohl und Radieschen putzen und waschen. Kohl in feine Streifen hobeln, Radieschen grob raspeln. Gurke schälen und in schmale Stifte schneiden. Möhren putzen, schälen und grob raspeln. Kresse abbrausen und abtropfen lassen. Alle Zutaten dekorativ auf einer großen Platte anrichten und mit dem Dressing beträufeln.

TIPP

Zu diesem ausgefallenen Dressing schmeckt auch eine Rohkostplatte mit Chinakohl, weißem Rettich, Frühlingszwiebeln, Maiskölbchen und gebratenen Geflügelstreifen.

Honig-Senf-Dressing zu Avocado-Geflügel-Salat

ZUTATEN: 250 g Hähnchenbrustfilet • 1 EL Butterschmalz • Salz • frisch gemahlener Pfeffer • 2 reife Avocados • 4 rote Zwiebeln • 1 Birne • 1/2 Eichblattsalat • 2 EL grober Senf • 2 EL Honigsenf • 1 TL Surig Essig-Essenz • 4 EL Keimöl • 4 EL Birnensaft oder Geflügelbrühe Instant • 10 Zitronenmelisseblättchen

ZUBEREITUNG: Das Fleisch waschen und trockentupfen. In heißem Butterschmalz insgesamt 6 Min. braten, salzen, pfeffern und abkühlen lassen. Avocados halbieren, Kerne entfernen und die Früchte schälen. Avocadohälften in Spalten schneiden. Zwiebeln schälen und in schmale Streifen schneiden. Birne waschen, vierteln, entkernen und in Scheibchen schneiden. Salat putzen, waschen und grob zerpflücken. Salat, Avocados, Zwiebeln und Birne auf Tellern anrichten. Das Fleisch in dünne Scheiben schneiden und dazulegen. Für das Dressing die beiden Senfsorten mit Essig-Essenz, Öl, Birnensaft oder Geflügelbrühe cremig rühren. Mit Salz und Pfeffer würzen. Melisseblättchen in Streifen schneiden und einrühren. Das Dressing über die Salatteller träufeln.

Haselnussdressing zu Feldsalat

ZUTATEN: 6 EL Haselnussöl • 50 g Kölln Echte Kernige Haferflocken • Salz • frisch gemahlener Pfeffer • Cayennepfeffer • 150 g Feldsalat • 1 große Möhre • 3 EL Balsamessig • 1 EL Apfelessig

ZUBEREITUNG: 2 EL Öl erhitzen und die Haferflocken darin goldgelb rösten. Mit Salz, Pfeffer und Cayennepfeffer würzen und abkühlen lassen. Den Feldsalat putzen, waschen und gut abtropfen lassen. Die Möhre schälen und mit dem Gemüsehobel längs in dünne Scheiben hobeln, dann in streichholzgroße Streifen schneiden. Feldsalat und Möhrenstreifen auf Tellern anrichten. Die gerösteten Haferflocken darüber streuen. Für das Dressing das restliche Öl mit den Essigsorten cremig rühren, mit Salz, Pfeffer und Cayennepfeffer abschmecken. Über den Salat träufeln.

Oliven-Zitronen-Dressing zu Brotsalat

TIPP

Für diesen leichten Sommersalat eignet sich sehr gut altbackenes Brot, weil es das Dressing besonders gut aufsaugt.

ZUTATEN: 250 g Olivenbrot oder Ciabatta • 2 geschälte Tomaten • 2 geschälte rote Zwiebeln • 12 Sardellen • 80 g entsteinte schwarze Oliven • 3 hart gekochte Eier • 2 Stangen Sellerie mit Grün • 2 EL Kapern • 3 EL gehackte Petersilie • 4 EL Zitronensaft • 8 EL Olivenöl • 2 EL Weißweinessig • 80 g entsteinte grüne Oliven • Zucker • frisch gemahlener Pfeffer

ZUBEREITUNG: Das Brot in mundgerechte Stücke zupfen. Tomaten in dünne Scheiben, Zwiebeln in hauchdünne Ringe schneiden. Sardellen und Oliven grob hacken. Eier schälen und vierteln. Staudensellerie von den Fäden befreien und schräg in dünne Scheiben schneiden. Alle Zutaten in einer Schüssel miteinander mischen. Kapern und Petersilie dazugeben. Zitronensaft, Olivenöl, Weißweinessig und grüne Oliven mit dem Mixstab pürieren. Mit Salz, Zucker und Pfeffer würzen. Das Dressing über den Salat träufeln. Die Blätter des Staudenselleries klein zupfen und den Salat damit bestreuen.

Knoblauchdressing zu griechischem Bauernsalat

ZUTATEN: 1/2 Salatgurke • 2 große Tomaten • 2 rote, geschälte Zwiebeln • 1/2 Römersalat • 150 g Feta • 12 schwarze, entkernte Oliven • 6 EL Olivenöl • 2 EL Kölln Echte Kernige Haferflocken • 6 geschälte Knoblauchzehen • 3 EL Zitronensaft • 2 EL Gemüsebrühe Instant • Salz • frisch gemahlener Pfeffer • 1/2 Bund Oregano

ZUBEREITUNG: Die Gurke und die Tomaten waschen und trockenreiben. Stielansätze der Tomaten wegschneiden. Anschließend Gurke und Tomaten in Scheiben schneiden. Zwiebeln in dünne Ringe schneiden. Römersalat putzen, waschen, abtropfen lassen und grob zerpflücken. Feta mit einer Gabel zerteilen. Alle Zutaten mit den Oliven auf Tellern anrichten. 1 EL Öl erhitzen und die Haferflocken darin goldgelb rösten. Knoblauch durch die Presse zum restlichen Öl drücken. Mit Zitronensaft und etwas Brühe cremig rühren. Das Dressing mit Salz und Pfeffer würzen und über den Salat träufeln. Alles mit gerösteten Haferflocken bestreuen und ein paar Oreganoblättchen darüber zupfen.

Sherrydressing zu Sommersalat

Tipp

Für einen Sommersalat eignen sich alle Blattsalate, aber auch Staudensellerie, Radieschen und Rettich sowie Rucola, Brunnenkresse und Postelein.

Zutaten: 1 kleiner Eisbergsalat • 1 Radicchio • 100 g Feldsalat • 1 Salatgurke • 4 Tomaten • 1 Bund Frühlingszwiebeln • 4 EL Schnittlauchröllchen • 4 EL trockener Sherry • 2–3 EL • Sherryessig • 8 EL Olivenöl • Salz • frisch gemahlener Pfeffer • Zucker

Zubereitung: Alle drei Salate putzen, Eisbergsalat und Radicchio zerpflücken. Die Salate gut waschen und abtropfen lassen. Die Gurke waschen, trockenreiben und in dünne Scheiben hobeln. Tomaten waschen, Stielansätze wegschneiden und in Scheiben schneiden. Frühlingszwiebeln putzen und nur den hellen und hellgrünen Teil in dünne Scheiben schneiden. Alle Salatzutaten in einer Schüssel mischen und mit dem Schnittlauch bestreuen. Für das Dressing Sherry mit Essig und Öl cremig rühren. Mit Salz, Pfeffer und etwas Zucker würzen. Über den Salat gießen und mischen.

Maracuja-Ingwer-Dressing zu Tomaten-Bananen-Salat

ZUTATEN: 2 Bananen • 2 EL Zitronensaft • 500 g Tomaten • 3 EL Balsamessig • 4 EL Maracujanektar • 6 EL Sonnenblumenöl • 1 TL frisch geriebener Ingwer • Salz • Cayennepfeffer • Kreuzkümmelpulver • 1 TL Curry • Zucker • 1/2 Bund glatte Petersilie oder Koriandergrün

ZUBEREITUNG: Die Bananen schälen und schräg in Scheiben schneiden. Sofort mit dem Zitronensaft beträufeln. Tomaten kurz in kochendes Wasser tauchen, häuten, entkernen und in schmale Spalten schneiden. Bananen und Tomaten in einer Schüssel mischen. Für das Dressing Essig mit Maracujanektar und Öl cremig rühren. Mit Ingwer, Salz, Cayennepfeffer, etwas Kreuzkümmelpulver, Curry und ein wenig Zucker abschmecken. Koriander oder Petersilie von den Stielen zupfen. Das Dressing über den Salat gießen und die Kräuter darüber streuen.

TIPP

Wer mag, würzt diesen ungewöhnlichen Salat zusätzlich mit einer frischen Chilischote und streut ein paar geröstete Cashewkerne darüber.

Sardellen-Parmesan-Dressing für Caesar-Salat

Zutaten: 1 großer Römersalat • 2 Scheiben Toastbrot • 2 EL Butter • 1 EL Sonnenblumenöl • 100 g Bacon • 1 EL Sardellenpaste • 2 Eigelb • 1 TL scharfer Senf • 1 geschälte Knoblauchzehe • 1 EL Worcestershiresauce • 5–6 EL Zitronensaft • 3 EL geriebener Parmesan • 200–250 ml Olivenöl • Salz • frisch gemahlener Pfeffer • Cayennepfeffer • Zucker

Zubereitung: Den Salat putzen, waschen und gut abtropfen lassen. Anschließend grob in eine Schüssel zupfen. Das Brot entrinden und in kleine Würfel schneiden. Butter und Öl erhitzen und die Brotwürfel darin goldbraun braten. Den Bacon in feine Streifen schneiden und in der gleichen Pfanne knusprig braten. Croûtons und Bacon auf Küchenpapier entfetten. Sardellenpaste, Eigelbe, Senf, Knoblauch, Worcestershiresauce, Zitronensaft, Parmesan mit etwas Öl mit dem Mixstab pürieren. Das restliche Öl langsam dazu gießen, bis das Dressing cremig ist. Mit Salz, Pfeffer, Cayennenpfeffer und etwas Zucker abschmecken. Das Dressing über den Salat gießen. Mit Croûtons und Bacon bestreuen.

Tipp

Dieser in den USA sehr beliebte Salat wird traditionell in einer Holzschüssel angerichtet, die man zuvor mit einer Knoblauchzehe einreibt. Natürlich schmeckt dieser vitaminreiche Salat auch aus einer Porzellan- oder Glasschüssel.

Orangen-Pfeffer-Dressing zu Fenchelsalat

ZUTATEN: 3 Orangen • 2 Fenchelknollen • 2 rote Zwiebeln • 125 g Kalamata-Oliven • 2–3 EL Limettensaft • 6 EL Traubenkernöl • 1 EL eingelegter grüner Pfeffer • Salz • Tabascosauce • Honig • 1 TL rote Pfefferkörner

ZUBEREITUNG: Die Orangen wie einen Apfel schälen. Anschließend filetieren. Fruchtrückstände über einer Schüssel ausdrücken. Fenchel putzen und in feine Scheiben hobeln. Zartes Fenchelgrün zum Orangensaft zupfen. Zwiebeln schälen und in dünne Ringe schneiden. Orangenfilets, Fenchel, Zwiebelringe und Oliven auf einer Platte anrichten. Limettensaft, Öl und zerdrückte Pfefferkörner zum Orangensaft geben und cremig rühren. Mit Salz, Tabasco und etwas Honig würzen. Rote Pfefferkörner zerdrücken und dazugeben. Das Dressing über den Salat gießen und 30 Min. durchziehen lassen.

TIPP

Für eine feine Vorspeise oder einen raffinierten Partysalat mischen Sie 200 g gegarte Schrimps oder Flusskrebse unter den Salat.

Apfeldressing

TIPP

Die Dressings auf dieser Doppelseite passen zu verschiedenen Blattsalaten, zu Rohkosttellern sowie zu gedünstetem Gemüse.

ZUTATEN: 2 EL geschälter Sesam • 1/2 Apfel • 3 EL Zitronensaft • 4 EL Mazola Keimöl • 1 EL gehackte Petersilie • Salz • frisch gemahlener Pfeffer • 1 TL Apfeldicksaft

ZUBEREITUNG: Den Sesam in einer Pfanne fettfrei leicht rösten. Den halben Apfel schälen, entkernen und fein reiben. Sofort mit Sesam und Zitronensaft mischen. Öl und Petersilie einrühren und mit Salz, Pfeffer und Apfeldicksaft abschmecken.

Hirse-Gemüse-Dressing

ZUTATEN: 50 g Hirse • 250 ml Knorr Delikatessbrühe • 1 Möhre • 50 g Champignons • 50 g Blattspinat • 1 geschälte Knoblauchzehe • 4 EL Mazola Keimöl • 3 EL Zitronensaft • Salz • frisch gemahlener Pfeffer • frisch geriebene Muskatnuss

ZUBEREITUNG: Die Hirse waschen und in der Brühe 20 Min. kochen. Auf einem Sieb abtropfen lassen, die Brühe auffangen. Das Gemüse putzen, grob würfeln und mit dem Knoblauch in etwas Keimöl und der aufgefangenen Brühe 8 Min. schmoren. Das Gemüse abgießen, mit dem Mixstab pürieren und mit Hirse, restlichem Öl und Zitronensaft verrühren. Mit Salz, Pfeffer und Muskatnuss abschmecken.

Weizen-Kräuter-Dressing

ZUTATEN: 50 g Weizenkörner • 1 TL Knorr Delikatessbrühe • 100 g Jogurt • 2 EL Zitronensaft • 4 EL Mazola Keimöl • 4 EL gemischte, gehackte Kräuter • Salz • frisch gemahlener Pfeffer • Cayennepfeffer • Zucker

ZUBEREITUNG: Die Weizenkörner in reichlich kaltem Wasser über Nacht einweichen. Delikatessbrühe einrühren und 40 Min. köcheln lassen. Weizen abgießen und abtropfen lassen. Jogurt mit Öl, Zitronensaft, Weizenkörnern und gehackten Kräutern cremig rühren. Mit Salz, Pfeffer und Zucker abschmecken.

Frenchdressing

ZUTATEN: 1 EL Tomatenketschup • 1 TL Dijon-Senf • 2 EL Weinbrand • 2 EL Majonäse • 2 EL Zitronensaft • 1 gehackte Schalotte • 2 EL Mazola Keimöl • Salz • frisch gemahlener Pfeffer • Cayennepfeffer

ZUBEREITUNG: Tomatenketschup mit Senf, Weinbrand und Majonäse glatt rühren. Zitronensaft, Schalotte und Keimöl einrühren und mit Salz, Pfeffer und etwas Cayennepfeffer abschmecken.

TIPP

Diese Sauce schmeckt besonders gut zu Garnelen und Chicoréesalat.

Pecannussdressing zu Apfel-Käse-Salat

Tipp

Für diesen süßsauren Salat können Sie auch wohlschmeckende Birnen verwenden.

Zutaten: 2 EL Majonäse • 5 EL saure Sahne • 4 EL Walnussöl • 4 EL Apfelessig • 2 EL Apfelsaft • 1 TL Apfeldicksaft • 10 schwarze Pfefferkörner • 100 g Pecannusskerne • Salz • Curry • 300 g Appenzeller am Stück • 400 g rotschalige Äpfel • 1 Stängel Dill

Zubereitung: Die Majonäse mit saurer Sahne, Öl, Essig, Apfelsaft und Apfeldicksaft cremig rühren. Die Pfefferkörner im Mörser zerreiben, Nusskerne sehr grob hacken. Beides zum Dressing geben und kurz ziehen lassen. Dann mit Salz und etwas Curry abschmecken. Käse ohne Rinde in kleine Würfel schneiden. Äpfel waschen, vierteln, entkernen und ebenfalls fein würfeln. Beides mit dem Dressing mischen und 30 Min. durchziehen lassen. Dann mit etwas Dill garnieren

Mohn-Orangen-Dressing zu Blumenkohlsalat

Zutaten: 1 kleiner Blumenkohl • Salz • 250 ml Milch • frisch geriebene Muskatnuss • 6 Jakobsmuscheln ohne Corail • 2 EL Butterschmalz • frisch gemahlener Pfeffer • 2 EL Mohnsamen • 2 Blutorangen • 2 EL Limettensaft • 3 EL Mohnöl • Cayennepfeffer • etwas Kerbel

Zubereitung: Den Blumenkohl in kleine Röschen teilen. 250 ml Salzwasser mit Milch und reichlich Muskatnuss zum Kochen bringen. Blumenkohlröschen darin bissfest garen. Abgießen und abtropfen lassen. Jakobsmuscheln waschen, trockentupfen und in heißem Butterschmalz auf jeder Seite 30 Sek. braten, salzen und pfeffern. Lauwarme Jakobsmuscheln in Scheiben schneiden und mit den lauwarmen Blumenkohlröschen mischen. Mohnsamen in einer Pfanne fettfrei rösten. Eine Blutorange filetieren, die andere auspressen. Orangenfilets zum Blumenkohl geben. Orangensaft mit Mohnsamen, Limettensaft und Öl cremig rühren. Mit Salz, Pfeffer und Cayennepfeffer würzen und über den Salat gießen. 30 Min. durchziehen lassen und mit Kerbel garnieren.

Tipp

Die Hälfte des Blumenkohls kann auch durch die gleiche Menge Brokkoli ersetzt werden. Beide Kohlsorten sollten nicht zu lange gekocht werden, damit sie noch Biss haben.

Kürbisdressing zu Kartoffelsalat

ZUTATEN: 750 g fest kochende Kartoffeln • 150 ml heiße Fleischbrühe Instant • 1 kleiner Apfel • 1 rote Zwiebel • 1 kleine Gewürzgurke • 4 dicke Radieschen • 50 g Radieschensprossen • 2 EL Kapern • 1 rote, gehackte Chilischote • 6 EL Kürbiskerne • 5 EL Kürbiskernöl • Salz • Cayennepfeffer • 6 EL Zitronensaft • 100 g Jogurt • Saft von 1 Mandarine • 1 TL geriebener Meerrettich • Honig • 4 EL Schnittlauchröllchen

ZUBEREITUNG: Die Kartoffeln 25 Min. kochen, abgießen, pellen und in dünne Scheiben schneiden. Sofort mit der heißen Brühe begießen. Apfel waschen, trockenreiben und entkernen. Dann in dünne Spalten schneiden. Zwiebel abziehen und in dünne Halbringe schneiden. Gewürzgurke fein würfeln. Geputzte Radieschen in Scheiben hobeln. Sprossen abbrausen. Abgekühlte Kartoffeln abgießen, mit Apfelspalten, Zwiebeln, Gurkenwürfeln, Radieschen, Sprossen, Kapern und Chili in einer Schüssel mischen. Kürbiskerne in einer Pfanne fettfrei rösten, mit 1 EL Öl, Salz und etwas Cayennepfeffer mischen. Restliches Öl mit Zitronensaft, Jogurt, Mandarinensaft und Meerrettich cremig rühren. Mit Salz, Cayennepfeffer und etwas Honig würzen. Zuerst das Dressing, dann die Kürbiskerne mit dem Salat mischen, 30 Min. durchziehen lassen und mit Schnittlauch bestreuen.

TIPP

Der Kartoffelsalat schmeckt besonders fein, wenn die lauwarmen Kartoffelscheiben sofort mit reichlich heißer Fleischbrühe übergossen werden und über Nacht durchziehen.

Aprikosen-Minze-Dressing zu Reissalat

ZUTATEN: 80 g Naturreis • 1 l Geflügelbrühe Instant • 2 Lorbeerblätter • 1 TL Curry • 4 getrocknete Aprikosen • 200 g Hähnchenbrustfilet • 1 EL Butterschmalz • 1 EL Kreuzkümmelsamen • Salz • frisch gemahlener Pfeffer • 4 EL Aprikosennektar • 4 EL Keimöl • 100 g Jogurt • 5–6 EL Zitronensaft • 1 EL Sojasauce • 1 TL frisch gehackter Ingwer • 2 gehackte Frühlingszwiebeln • 1 EL geschälter Sesam • 8 Pfefferminzblätter • 1 reife Aprikose

ZUBEREITUNG: Den Reis waschen. Die Brühe mit Lorbeerblättern und Curry zum Kochen bringen. Den Reis darin 40–45 Min. garen. Die letzten 10 Min. die Aprikosen mitgaren. Den Reis abgießen, die Aprikosen klein schneiden und mit dem Reis in einer Schüssel mischen. Das Fleisch waschen, trockentupfen und in heißem Butterschmalz mit den Kreuzkümmelsamen auf jeder Seite 3–4 Min. braten, salzen und pfeffern. Für das Dressing den Nektar mit Öl, Jogurt, Zitronensaft und Sojasauce cremig rühren. Mit Ingwer, Frühlingszwiebeln und Sesam mischen und mit Salz und Pfeffer würzen. Minzeblätter in Streifen schneiden und zum Dressing geben. Das abgekühlte Fleisch würfeln und mit dem Reis mischen. Dressing darüber gießen und 30 Min. durchziehen lassen. Aprikose waschen, trockenreiben, vierteln, entkernen und in Spalten schneiden. Den Salat damit garnieren.

Salsas, Chutneys & Dips

Auf den folgenden Seiten finden Sie eine Reihe delikater Köstlichkeiten aus der internationalen Saucenküche. Ganz gleich wie sie heißen: Salsas, Chutneys, Reslishes, Raitas oder Dips, sie alle bereichern Fleisch-, Fisch- und Geflügelgerichte ebenso wie scharfe Currys. Meistens bestehen sie aus frischen Zutaten, mal sind sie scharf, mal mild. Salsas haben ihren Ursprung in Mexiko. Chutneys oder Relishes kommen aus Indien. Erstere bestehen größtenteils aus Früchten, während Relishes hauptsächlich aus Gemüse zubereitet werden. Auch die erfrischenden Raitas auf Jogurtbasis stammen aus Indien und werden dort zu scharfen Gerichten gereicht. Dips sind kompakte Saucen, in die Chips, Brotstangen, Gemüse- und Kartoffelsticks getaucht werden.

Guacamole

Zutaten: 2–3 reife Avocados • 2 Limetten • 2 geschälte Knoblauchzehen • 2 Tomaten • 2 rote, gehackte Chilischoten • 1 EL gehacktes Koriandergrün • Salz • frisch gemahlener Pfeffer

Zubereitung: Die Avocados längs halbieren, die Kerne entfernen und die Früchte schälen. Anschließend grob würfeln. Limetten heiß waschen, trockenreiben und die Schale von 1 Frucht zu den Avocados reiben. Die Früchte auspressen und den Saft ebenfalls zu den Avocados gießen. Knoblauch durch die Presse dazudrücken. Alles mit dem Mixstab nicht zu fein pürieren. Tomaten häuten, entkernen und sehr fein würfeln. Tomatenwürfel, Chili und Koriandergrün einrühren und die Salsa mit Salz und Pfeffer würzen.

Tipp

Wenn die Avocados richtig reif sind, lässt sich die Schale leicht abziehen. Feste Früchte für einige Tage in Zeitungspapier wickeln und nachreifen lassen.

Cranberrysalsa zu Roastbeef

ZUTATEN: 1 kg Roastbeef • 2 TL Thomy Sonne & Olive • Maggi Würzmischung 1 • 150 ml Rotwein • 200 g Zucker • 1 Stück Zitronenschale • 200 g Cranberries • 3 EL Maggi Texicana Salsa • 1 Orange • 2 Päckchen Maggi Delikatess Soße zum Braten • 2 geschälte Knoblauchzehen • 1 TL Worcestershiresauce

TIPP

Statt Cranberries können auch frische oder eingekochte Preiselbeeren verwendet werden. Im letzten Fall entfällt das Einkochen.

ZUBEREITUNG: Das Fleisch waschen, trockentupfen und die Fettseite rautenförmig einschneiden, mit etwas Öl bestreichen und mit der Würzmischung einreiben. Backofen auf 250° C vorheizen. Roastbeef auf dem eingeölten Rost über der Saftpfanne 15 Min. braten. Temperatur auf 180° C reduzieren und weitere 20–40 Min. medium bis rosa braten. 150 ml Wasser mit Rotwein, Zucker und Zitronenschale dicklich einkochen. Cranberries hinzufügen und garen. Cranberries in einem Sieb abtropfen lassen, Saft auffangen. Cranberries mit der Salsa mischen. Die Orange auspressen und mit Cranberrysaft auf 500 ml auffüllen, Saucenpulver einrühren und aufkochen. Knoblauch hinzupressen. Bratensaft aus der Saftpfanne hinzufügen und mit Worcestershiresauce abschmecken.

Mango-Tomaten-Salsa

ZUTATEN: 1 Dose Pizzatomaten • 1 reife Mango • 2 Frühlingszwiebeln • 2 geschälte Knoblauchzehen • 2 grüne, gehackte Chilischoten • 4 EL Limettensaft • Salz • frisch gemahlener Pfeffer • 1 EL Honig • 6 Pfefferminzeblätter in Streifen

ZUBEREITUNG: Die Pizzatomaten cremig einkochen. Die Mangofleisch fein würfeln. Frühlingszwiebeln ebenfalls sehr fein hacken. Beides mit der Tomatencreme mischen. Knoblauch hinzudrücken. Chili und Limettensaft dazugeben und die Salsa mit Salz, Pfeffer, Honig und Minze abschmecken

Paprika-Limetten-Salsa

ZUTATEN: 2 rote Paprikaschoten • 3 Limetten • 3 rote, gehackte Zwiebeln • 2 grüne, gehackte Chilischoten • 1 EL Tomatenketschup • 2 EL chinesische süßsaure Chilisauce • 10 Koriandersamen • 10 Sichuanpfefferkörner • 1/4 TL Kreuzkümmelsamen • Salz • Zucker

ZUBEREITUNG: Die Paprikaschoten schälen und mittelfein hacken. Schale von 1 Limette zur Paprika reiben. Alle Früchte schälen und die Filets lösen. Fruchtrückstände über den Paprikaschoten ausdrücken. Limettenfilets, Zwiebeln, Chili, Ketschup und Chilisauce zur Paprika geben. Gewürzkörner zerreiben mit der Salsa mischen. Mit Salz und Zucker abschmecken.

Macadamia-Salsa zu Puten-Saté

Zutaten: 600 g Putenbrust • 1 Limette • 5 EL Sojasauce • 2 EL dunkles Sesamöl • 150 g gehackte Macadamianüsse • 4 EL Sonnenblumenöl • 2 gehackte Schalotten • 1 gehackte Knoblauchzehe • 2 grüne, gehackte Chilischoten • 3 EL brauner Zucker • 3 EL Reisessig • 400 ml Kokosmilch • Salz • 4 Stängel Zitronengras • 100 g Meggle-Knoblauchbutter • 1/2 Bund Koriandergrün

Zubereitung: Das Fleisch und die Limette waschen und trockentupfen. Das Fleisch in fingerbreite Streifen schneiden. Die Limettenschale abreiben, die Frucht auspressen. Jeweils die Hälfte des Safts und der Schale mit 2 EL Sojasauce und Sesamöl mischen. Das Fleisch darin 30 Min. marinieren. Die Macadamianüsse in 2 EL Öl rösten. Schalotten, Knoblauch, Chili und Zucker einrühren und 1 Min. schmoren lassen. Die restliche Limettenschale und den Saft sowie Essig, restliche Sojasauce und Kokosmilch einrühren und in 8–10 Min. cremig einkochen, mit Salz abschmecken. Zitronengrasstängel am dünnen Ende spitz zuschneiden und das marinierte Fleisch auf die Spieße fädeln. Im restlichen Öl 1 Min. braten. Knoblauchbutter in Scheiben schneiden, zu den Spießen geben und in 3–4 Minuten fertig braten. Das Koriandergrün über die lauwarme Salsa zupfen und mit den Saté-Spießen anrichten.

Zucchini-Mais-Salsa

ZUTATEN: 1 Dose Maiskörner • 4 EL Olivenöl • 300 g Zucchini • 1 Bund Frühlingszwiebeln • 2 geschälte Knoblauchzehen • 2 rote, gehackte Chilischoten • 1 Limette • Salz • 8 gehackte Pfefferminzblätter

ZUBEREITUNG: Maiskörner abgießen und gut trocknen. Etwas Öl erhitzen und die Maiskörner darin goldbraun braten. Zucchini grob raspeln. Mit restlichem Öl und Mais mischen. Frühlingszwiebeln putzen und sehr fein schneiden. Zum Gemüse geben. Knoblauch hinzupressen. Chili einrühren. Limette waschen, trockenreiben und die Schale abreiben, Frucht auspressen. Beides zur Salsa geben und mit Salz und Minze abschmecken.

Chilisalsa

ZUTATEN: 5 getrocknete Chilischoten • 3 rote, milde Chilischoten • 2 grüne Chilischoten • 4 gehäutete Tomaten • Saft und Schale von 1 Zitrone • Salz • Zucker • Kreuzkümmelpulver • 2 EL gehacktes Koriandergrün

ZUBEREITUNG: Getrocknete Chilischoten 30 Min. in warmem Wasser einweichen. Abtropfen lassen, Trennwände wegschneiden, Früchte fein würfeln. Frische Chilischoten und Tomaten fein hacken. Alles mit Zitronenschaft und -schale mischen, mit den Gewürzen und Koriander abschmecken.

Tomaten-Ingwer-Salsa zu Fleischspießen

ZUTATEN: 300 g Tomaten • 50 g Ingwer • 2 rote Chilischoten • 1 EL Maggi Texicana Salsa • 1 Blutorange • 1 Limette • 1 geschälte, gehackte Knoblauchzehe • 1 weiße, geschälte Zwiebel • Salz • Zucker • 250 g Halskotelett • 250 g Rumpsteak • frisch gemahlener Pfeffer • 150 g Räucherschinken • 3 EL Olivenöl

ZUBEREITUNG: Die Tomaten kurz in kochendes Wasser tauchen, Stielansätze wegschneiden, häuten und entkernen. Die Tomatenfilets grob hacken. Ingwer schälen und fein reiben. Chili fein hacken, mit Ingwer und Salsa zu den Tomaten geben. Die Orange wie einen Apfel schälen und die Filets lösen. Fruchtrückstände über den Tomaten ausdrücken. Limette waschen, trockenreiben und die Schale zu den Tomaten reiben, Frucht auspressen und mit Knoblauch und Orangenfilets zu den Tomaten geben. Zwiebel fein dazureiben und mit Salz und Zucker abschmecken. Fleisch waschen, trockentupfen und in große Würfel schneiden. Mit Salz und Pfeffer würzen. Schinken längs halbieren und jedes Fleischstück mit Schinken umwickeln. Fleischwürfel auf 4 Spieße stecken und in heißem Öl in einer Grillpfanne rundherum goldbraun braten.

Apfel-Chutney

ZUTATEN: 1 kg Äpfel • 150 g Zwiebeln • 30 g Ingwer • 150 g Rosinen • 1 EL Senfkörner • 5 EL Surig Essig-Essenz • 600 g brauner Kandis • Salz • Cayennepfeffer

ZUBEREITUNG: Die Äpfel vierteln, schälen, entkernen und in dünne Scheiben schneiden. Zwiebeln und Ingwer schälen und fein würfeln. Alle Zutaten mit Rosinen, Senfkörnern, Essig-Essenz, 250 ml Wasser, Kandis, etwa 1 gehäuften TL Salz und Cayennepfeffer in einem großen Topf mischen und unter Rühren offen 40–50 Min. dicklich einkochen. Das Chutney heiß in Twist-off-Gläser füllen.

Aprikosen-Bananen-Chutney

ZUTATEN: 1 kg saftige Aprikosen • 300 g geschälte Bananen • 1 kg Zucker • 125 g Korinthen • 150 g grüne, gewürfelte Paprikaschoten • 7 EL Surig Essig-Essenz • 1 TL schwarze Pfefferkörner • Cayennepfeffer • Nelkenpulver • Kardamompulver • 1 TL geriebene Orangenschale

TIPP

Statt der Aprikosen können für dieses Chutney auch Mangos verwendet werden.

ZUBEREITUNG: Die Aprikosen waschen und trockenreiben. Die Früchte halbieren, Kerne entfernen und die Aprikosen fein würfeln. Bananen ebenfalls würfeln. Die Früchte mit Zucker mischen und 30 Min. Saft ziehen lassen. Diese Zubereitung unter Rühren offen 1 Std. köcheln lassen. Korinthen, Paprikawürfel und Essig-Essenz einrühren. Pfefferkörner im Mörser zerreiben, mit etwas Cayennepfeffer, Nelken, Kardamom und Orangenschale zum Chutney geben und offen weitere 30 Min. köcheln lassen. Das Chutney heiß in Twist-off-Gläser füllen.

Johannisbeer-Chutney

Tipp

Dieses Chutney bekommt einen besonders würzigen Geschmack, wenn etwa die Hälfte aus schwarzen Johannisbeeren besteht.

Zutaten: 1 kg rote Johannisbeeren • 1 kg Zucker • 1 unbehandelte Zitrone • 2 unbehandelte Orangen • 250 ml Rotwein • 2 EL englisches Senfpulver • 6 EL Surig Essig-Essenz

Zubereitung: Die Johannisbeeren waschen und gut abtropfen lassen. Die Beeren von den Stielen zupfen und mit dem Zucker mischen. 30 Min. Saft ziehen lassen. Die Zitrusfrüchte heiß waschen und trockenreiben. Von allen Früchten mit einem Zestenreißer Schalenstreifen abziehen. Die Früchte auspressen. Die Schalenstreifen in dem Rotwein 5 Min. kochen. Johannisbeeren, Zitrussäfte und Senfpulver zum eingekochten Wein geben und so lange kochen, bis die Beeren aufgeplatzt sind. Essig-Essenz einrühren und offen weitere 15 Min. köcheln lassen, dann heiß in Twist-off-Gläser füllen.

Ananas-Chutney

ZUTATEN: 1 reife Ananas • 1 weiße Zwiebel • 1 Limette • Zucker • Salz • 1 TL dunkle Senfkörner • 1/2 TL Koriandersamen • 1 TL Olivenöl • 1/2 TL Speisestärke

ZUBEREITUNG: Die Ananas längs vierteln, sorgfältig schälen und den Strunk herausschneiden. Das Fruchtfleisch grob hacken. Zwiebel schälen und sehr fein würfeln, zur Ananas geben. Limette waschen und trockenreiben. Die Schale zur Ananas reiben. Die Frucht auspressen und den Saft zugeben. Das Ananaspüree offen in etwa 10–20 Min. leicht cremig einkochen. Mit Salz und Zucker würzen. Gewürzkörner in einer Pfanne mit dem Öl rösten, im Mörser grob zerreiben und zum Chutney geben. Die Speisestärke mit wenig kaltem Wasser glatt rühren, einrühren und einmal aufkochen, dann abkühlen lassen.

Koriander-Petersilien-Chutney

ZUTATEN: 4 EL Kokosraspel • 2 rote, gehackte Chilischoten • 4 gehackte Knoblauchzehen • 3 EL Limettensaft • 35 g frische Korianderblätter • 35 g Petersilienblätter • Salz • Zucker

ZUBEREITUNG: Die Kokosraspeln in einer fettfreien Pfanne leicht rösten. Mit Chili, Knoblauch und Limettensaft mischen. Die Kräuter nicht zu fein hacken und einrühren. Das Chutney mit Salz und Zucker abschmecken.

Rhabarber-Mandel-Chutney

TIPP

In Indien rührt die Hausfrau das Chutney täglich frisch an. Es wird zu allen Reisgerichten, Fleisch und Fisch gereicht.

ZUTATEN: 750 g Rhabarber • 500 g Äpfel • 400 g brauner Zucker • 10 EL Surig Essig-Essenz • 1 TL geriebener Ingwer • 40 g Mandelstifte • 100 g Backpflaumen, ohne Stein • 100 g Rosinen • 2 rote, gehackte Chilischoten • 1 EL Senfkörner

ZUBEREITUNG: Den Rhabarber putzen, waschen und gut abtropfen lassen. Äpfel vierteln, schälen und entkernen. Rhabarber und Äpfel klein schneiden. Mit Zucker, Essig-Essenz und 250 ml Wasser offen leicht dicklich einkochen. Ingwer, Mandelstifte, die klein geschnittenen Backpflaumen, Rosinen, Chili und Senfkörner hinzufügen und offen 1 weitere Stunde garen. Das Chutney heiß in Twist-off-Gläser füllen.

Tomaten-Gurken-Zwiebel-Relish

ZUTATEN: 250 g Tomaten • 250 g entkernte Salatgurke • 250 g rote Zwiebeln • 1 geschälte Knoblauchzehe • 2 grüne, gehackte Chilischoten • 3 EL Limettensaft • 1 TL Olivenöl • Salz • Zucker • 4 EL grob gehackte Korianderblätter

ZUBEREITUNG: Die Tomaten häuten, entkernen und in 5 mm große Stücke schneiden. Die Gurke schälen und ebenfalls in 5 mm große Stücke schneiden. Zwiebeln abziehen und nicht zu fein würfeln. Knoblauch fein hacken. Tomaten, Gurke, Zwiebeln, Knoblauch, Chili, Limettensaft und Öl mischen. Mit Salz, Zucker und Koriandergrün abschmecken.

TIPP

Ein Relish sollte, wie jedes frisch angerührte Chutney, mindestens 30 Min. im Kühlschrank durchziehen. In Indien wird Relish zu jeder Mahlzeit gereicht.

Süßsaures Relish

ZUTATEN: 150 g Gewürzgurken • 150 g Senfgurken • 100 g eingelegte Perlzwiebeln • 150 g Senffrüchte • 1 EL scharfer Senf • 1 EL Olivenöl • 2 EL gehackte Petersilie • Cayennepfeffer

ZUBEREITUNG: Alle festen Zutaten mittelfein hacken und mit Senf, Öl und Petersilie mischen. Mit Cayennepfeffer abschmecken.

Sellerie-Apfel-Relish

Tipp

Gekochte Chutneys und Relishes halten in Twist-off-Gläsern im Kühlschrank 2–3 Monate. Frische Chutneys und Relishes sollten in 1–2 Tagen verbraucht werden.

Zutaten: 1 kg Staudensellerie • 1 kg säuerliche Äpfel • 200 g Möhren • 250 g Zwiebeln • 250 ml Apfelsaft • 250 g brauner Zucker • 250 g brauner Kandis • 200 g Rosinen • 10 Gewürznelken • 1 EL Senfkörner • 2 Lorbeerblätter • 5 EL Surig Essig-Essenz • Salz • frisch gemahlener Pfeffer

Zubereitung: Den Sellerie putzen und abfädeln. Äpfel vierteln, schälen und entkernen. Sellerie und Äpfel in feine Scheiben schneiden. Möhren und Zwiebeln schälen und sehr fein würfeln. Apfelsaft mit Zucker und Kandis erhitzen. Gemüse, Obst, Rosinen und Gewürze hinzufügen und offen in 1 Std. dicklich einkochen. Nach 30 Min. Essig-Essenz hinzufügen. Das Relish zum Schluss mit Salz und Pfeffer abschmecken. Heiß in Twist-off-Gläser füllen.

Zwiebel-Preiselbeer-Relish

ZUTATEN: 1 kg rote Zwiebeln • 1 kg Preiselbeeren • 400 g brauner Zucker • 2 rote, gehackte Chilischoten • 80 ml Surig Essig-Essenz • 250 ml Rotwein • 100 ml Crème de Cassis • 1 EL Salz

ZUBEREITUNG: Die Zwiebeln schälen und fein würfeln. Die Preiselbeeren verlesen, waschen und gut abtropfen lassen. Zwiebeln, Preiselbeeren, Zucker und Chili mischen. Alles 30 Min. Saft ziehen lassen. Die restlichen Zutaten einrühren und offen in 45–60 Min. dicklich einkochen. Das Relish heiß in Twist-off-Gläser füllen.

TIPP

Die Gläser und Deckel für Relishes und Chutneys müssen sorgfältig gereinigt und heiß ausgespült werden, bevor die heiße Zubereitung eingefüllt wird.

Meerrettich-Apfel-Relish

ZUTATEN: 10 cm Meerrettichstange • 1 säuerlicher Apfel • 4 Frühlingszwiebeln • 4 EL Zitronensaft • 1 EL Honig • 1 TL Worcestershiresauce • 4 EL Majonäse • Salz • frisch gemahlener Pfeffer • Cayennepfeffer

ZUBEREITUNG: Die Meerrettichstange schälen und fein reiben. Den Apfel vierteln, schälen und entkernen. Die Apfelviertel grob zum Meerrettich raspeln. Frühlingszwiebeln putzen und sehr fein schneiden. Mit der Meerrettich-Apfel-Masse verrühren. Zitronensaft, Honig, Worcestershiresauce und Majonäse glatt rühren. Zu den festen Zutaten geben und mischen. Mit Salz, Pfeffer und Cayennepfeffer abschmecken.

Zucchini-Relish

ZUTATEN: 1 kg Zucchini • 1 kg Zwiebeln • 125 ml Olivenöl • 3 geschälte Knoblauchzehen • 3 rote Chilischoten • 125 ml trockener Sherry • 5 EL Surig Essig-Essenz • Salz • frisch gemahlener Pfeffer • 4 EL Zucker

ZUBEREITUNG: Die Zucchini putzen, waschen, trockenreiben und würfeln. Zwiebeln abziehen und ebenfalls würfeln. Beides in erhitztem Öl unter Rühren 20 Min. sanft schmoren. Knoblauch durch die Presse dazudrücken. Chilischoten fein hacken und mit Sherry und Essig-Essenz hinzufügen. Alle Zutaten offen weitere 30 Min. dicklich einkochen. Mit Salz, Pfeffer und Zucker abschmecken. Das Relish heiß in Twist-off-Gläser füllen.

TIPP

Dieses aparte Relish kann auch statt mit Zucchini mit der gleichen Menge Hokkaidokürbis zubereitet werden. Das Kürbis-Relish wird dann zusätzlich mit etwas frisch geriebenem Ingwer und 1 Prise Zimt gewürzt.

Raita mit Gurke zu Gemüsespießen

Zutaten: 8 Schalotten • 350 g Brokkoli • Salz • 8 Champignons • 3 EL Olivenöl • 1 rote Paprikaschote • 1 gelbe Paprikaschote • frisch gemahlener Pfeffer • Cayennepfeffer • 1/2 TL Kreuzkümmelsamen • 1/2 TL Korianderkörner • 400 g Jogurt • 1 geschälte Knoblauchzehe • 1 grüne, gehackte Chilischote • 1/2 Salatgurke • 2 EL frische, gehackte Korianderblätter • Salz

Zubereitung: Die ungeschälten Schalotten 10 Min. in Wasser garen, abgießen und schälen. Brokkoli in Röschen teilen und in Salzwasser 5 Min. vorgaren, abgießen und abtropfen lassen. Champignons putzen und in wenig Öl rundherum 2 Min. braten. Paprikaschoten putzen, waschen und in mundgerechte Stücke schneiden. Das Gemüse abwechselnd auf lange Spieße stecken und mit Öl bestreichen, salzen und pfeffern. Spieße in einer Grillpfanne 10–15 Min. braten, mit Cayennepfeffer bestreuen. Wenig Öl in einer Pfanne erhitzen und die Gewürzkörner darin rösten, bis sie duften. Abkühlen lassen und im Mörser fein zerreiben. Gewürzpulver mit Jogurt, durchgedrücktem Knoblauch und Chili mischen. Gurke schälen, entkernen und grob zum Jogurt raspeln. Mit Korianderblättern, Salz und Pfeffer abschmecken.

Avocado-Raita zu Hähnchenkeulen

ZUTATEN: 4 Hähnchenkeulen • 4 EL Olivenöl • 2 EL Sherry • 1 EL chinesische süßsaure Chilisauce • 1 TL Curry • 1 TL Cayennepfeffer • 1 TL Kreuzkümmelpulver • 1 gehackte Knoblauchzehe • 400 g Jogurt • Saft und Schale von 1 Limette • 1 grüne, gehackte Chilischote • 2 gehackte Frühlingszwiebeln • 1 reife Avocado • 2 EL gehacktes Koriandergrün oder Kresse • Salz • frisch gemahlener Pfeffer • Zucker • 3 EL Cashewkerne

ZUBEREITUNG: Hähnchenkeulen waschen und trockentupfen. 2 EL Öl mit Sherry, Chilisauce, Curry, Cayennepfeffer, Kreuzkümmel und Knoblauch verrühren. Die Keulen damit bestreichen und mindestens 3 Std. durchziehen lassen. Restliches Öl in einer Grillpfanne erhitzen und die Keulen darin 30–35 Min. braten. Jogurt mit Limettensaft und -schale, Chili und Frühlingszwiebeln mischen. Avocado schälen, entkernen und fein würfeln, mit den Kräutern zum Jogurt geben. Alles mit Salz, Pfeffer und Zucker abschmecken. Cashewkerne in einer Pfanne fettfrei rösten und über das Raita streuen. Hähnchenkeulen vor dem Servieren mit Salz und Pfeffer bestreuen.

Tomatenketschup

Zutaten: 2 kg sehr reife Tomaten • 250 g Zwiebeln • 2 Lorbeerblätter • 3 Gewürznelken • 10 Pimentkörner • 250 ml Apfelessig • 1/2 Zimtstange • 5 EL Zucker • 3 TL Salz

Zubereitung: Die Tomaten waschen und die Stielansätze wegschneiden. Zwiebeln abziehen. Tomaten und Zwiebeln grob hacken und mit den restlichen Zutaten 40 Min. offen köcheln lassen. Durch ein feines Sieb streichen und weitere 25–35 Min. offen dicklich einkochen lassen. Heiß in Flaschen füllen.

> Tipp
>
> **Ketschup und Senf kühl aufbewahren und bald verbrauchen.**

Körniger Senf

Zutaten: 2 EL schwarze Senfsamen • 2 EL gelbe Senfsamen • 50 g Senfpulver • 1/2 TL Salz • 1/2 TL Zucker • 1/2 TL geriebene Orangenschale • Apfelessig oder Weißwein

Zubereitung: Die beiden Senfsamen in wenig Wasser weich kochen, abgießen und im Mörser grob zerreiben. Senfpulver mit wenig kaltem Wasser zu einer Paste verrühren, mit den Senfkörnern mischen. Salz, Zucker und Orangenschale einrühren. So viel Essig oder Wein angießen und unterrühren, bis der Senf die gewünschte Konsistenz erreicht hat.

Orangendip

ZUTATEN: 125 g Sahne • 1/2 TL geriebene Orangenschale • 3 EL Orangensaft oder Orangenlikör • 1 TL Orangensenf • Ingwerpulver • Salz • frisch gemahlener weißer Pfeffer

ZUBEREITUNG: Die Sahne steif schlagen. Orangenschale, Orangensaft oder -likör und Senf glatt rühren. Unter die Sahne heben und mit Ingwer, Salz und Pfeffer abschmecken.

Gorgonzoladip

ZUTATEN: 1 Frühlingszwiebel • 4 Walnusskerne • 100 g Gorgonzola • 3 EL Thomy Jogurt Salat Creme • 100 g Quark (20 % Fett)

ZUBEREITUNG: Die Frühlingszwiebel putzen und den hellen Teil sehr fein hacken. Walnüsse mittelfein hacken. Gorgonzola mit einer Gabel zerdrücken, mit Zwiebeln, Walnüssen, Salat-Creme und Quark mischen.

Tomaten-Paprika-Dip

ZUTATEN: 500 g Tomaten • 1 rote Paprikaschote • 2 rote Chilischoten • 4 Frühlingszwiebeln • 2 geschälte Knoblauchzehen • 2 EL Kapern • etwas geriebene Zitronenschale • 1 EL Olivenöl • Salz • frisch gemahlener Pfeffer • Cayennepfeffer • 2 EL gehackte Petersilie

ZUBEREITUNG: Die Tomaten kurz in kochendes Wasser tauchen, häuten, entkernen und nicht zu fein hacken. Tomatenkerne durch ein Sieb streichen. Paprikaschote mit einem Sparschäler schälen, halbieren, putzen und würfeln. In wenig Wasser 10 Min. garen, abgießen und mit den Tomaten mischen. Chilischoten fein hacken. Frühlingszwiebeln putzen und nur den hellen Teil fein würfeln. Knoblauch durch die Presse drücken. Kapern fein hacken. Tomatenflüssigkeit, Chili, Zwiebeln, Knoblauch und Kapern mit den Tomaten mischen. Mit Zitronenschale, Olivenöl, Salz, Pfeffer, Cayennepfeffer und Petersilie abschmecken.

Rucoladip

ZUTATEN: 1 Bund Rucola • 1 geschälte Knoblauchzehe • 1 rote Zwiebel • 4 EL Pinienkerne • 200 g Kräuter-Doppelrahmfrischkäse • 2–3 EL Jogurt oder Milch • 2 EL Zitronensaft Salz • Cayennepfeffer

ZUBEREITUNG: Den Rucola putzen, waschen und gut abtropfen lassen. Die Blätter hacken. Knoblauch durch die Presse dazudrücken. Zwiebel abziehen und fein würfeln. Pinienkerne in einer Pfanne fettfrei rösten und grob hacken. Zwiebeln und Pinienkerne mit Rucola, Frischkäse, Jogurt oder Milch und Zitronensaft glatt rühren. Mit Salz und Cayennepfeffer würzen.

Koriander-Majonäse-Dip

ZUTATEN: 100 g Thomy Delikatess Majonäse • 4 EL saure Sahne • 1 TL Zitronensaft • 1 geschälte Knoblauchzehe • 6 EL gehacktes, frisches Koriandergrün • Salz • frisch gemahlener Pfeffer

ZUBEREITUNG: Die Majonäse mit Sahne und Zitronensaft glatt rühren. Den Knoblauch dazupressen. Koriandergrün, etwas Salz und Pfeffer hinzufügen.

Mandeldip mit getrockneten Tomaten

ZUTATEN: 100 g kalifornische Mandeln, ganz und geschält • 100 g getrocknete Tomaten in Öl • 4 EL Tomatensaft oder Gemüsebrühe Instant • 50 g schwarze Oliven, ohne Kern • 2 EL Olivenöl • 1 Bund Basilikum • 1 EL Zitronensaft • 2 geschälte, gehackte Knoblauchzehen • Salz • frisch gemahlener Pfeffer

ZUBEREITUNG: Die Mandeln in einer Pfanne fettfrei goldgelb rösten und abkühlen lassen. Die gerösteten Mandeln mittelfein hacken. Die Tomaten abtropfen lassen und ebenfalls mittelfein hacken. Mandeln und Tomaten mit Tomatensaft oder Brühe verrühren. Oliven grob hacken. Mit Öl, Zitronensaft und Knoblauch zur Mandel-Tomaten-Masse geben. Basilikum waschen und trockentupfen. Die Blätter von den Stielen zupfen und hacken. Mit Salz und Pfeffer zum Dip geben und alles gut miteinander verrühren.

Nussdip zu Rote-Bete-Talern

ZUTATEN: 600 g rote Bete • 2 Eier • Salz • frisch gemahlener Pfeffer • 250 g Kölln Echte Kernige Haferflocken • Butterschmalz zum Braten • 60 g Haselnusskerne • 1 EL Haselnussmus • 300 g Naturjogurt • etwas geriebene Orangenschale • Zitronensaft • Honig

ZUBEREITUNG: Die rote Bete putzen, waschen und in reichlich Wasser 50–60 Min. garen. Das abgekühlte Gemüse schälen und in dicke Scheiben schneiden. Die Eier mit etwas Salz und Pfeffer und ein wenig Wasser auf einem Teller verrühren. Die Gemüsescheiben zuerst durchs Ei ziehen, dann in die kernigen Haferflocken drücken. Butterschmalz in einer Pfanne erhitzen. Die panierten Rote-Bete-Scheiben darin auf beiden Seiten goldgelb braten. Auf Küchenpapier entfetten. Für den Dip die Haselnüsse in einer Pfanne fettfrei rösten und grob hacken. Mit Haselnussmus und Jogurt verrühren. Den Dip mit Salz, Pfeffer, Orangenschale, Zitronensaft und Honig abschmecken.

Räucherlachsdip zu Kartoffeln

Zutaten: 250 g Quark (20 % Fett) • 1 TL Mazola Keimöl • 3–4 EL Milch • 1 Beutel Knorr Salatkrönung für klare Kräuter-Sauce Zwiebel-Kräuter • 125 g Räucherlachs • 1/2 Bund Dill

Zubereitung: Den Quark mit Öl und Milch cremig rühren. Salatkrönung dazugeben und mischen. Räucherlachs in kleine Würfel schneiden. Dill waschen, von den Stielen zupfen. Lachs und Dill mit der Quarkcreme verrühren.

Frischkäse-Paprika-Dip zu Kartoffeln

Zutaten: 1/2 rote Paprikaschote • 200 g körniger Frischkäse • 2 EL Knorr Kräuterlinge zum Streuen Gartenkräuter • 1 grüne Chilischote • Cayennepfeffer

Zubereitung: Die Paprikaschote mit einem Sparschäler schälen und in feinste Würfel schneiden. Frischkäse mit Streuwürze und Paprika mischen. Chilischote fein würfeln und zum Frischkäse geben. Mit Cayennepfeffer pikant abschmecken.

Erbsen-Speck-Dip

Zutaten: 300 g tiefgekühlte Erbsen • Salz • frisch geriebene Muskatnuss • 50 g Bacon • 2 EL Olivenöl • 2 geschälte Knoblauchzehen • 2 Frühlingszwiebeln • 2 EL gehackter Kerbel • 2 frische, gehackte Pfefferminzblätter • Salz • Pfeffer

Zubereitung: Die Erbsen in wenig Salzwasser mit etwas Muskat 8 Min. garen, abgießen und das Kochwasser auffangen. Bacon in feinste Würfel schneiden und in einer Pfanne knusprig braten. Auf Küchenpapier entfetten. Knoblauch durch die Presse drücken. Frühlingszwiebel sehr fein schneiden. Erbsen mit etwas Kochwasser cremig pürieren. Erbsenpüree mit Bacon, Knoblauch, Frühlingszwiebel, Öl und den Kräutern verrühren, mit Salz und Pfeffer abschmecken.

Schwarzer Bohnendip

Zutaten: 250 g gekochte schwarze Bohnen • 150–250 ml Bohnenkochwasser • 2 rote, gehackte Zwiebeln • 2 gehackte Knoblauchzehen • 4 EL Tahin (Sesampaste) • 1 rote, gehackte Chilischote • 1 grüne, gehackte Chilischote • 4 EL Olivenöl • Kreuzkümmelpulver • Korianderpulver • Salz • Zitronensaft

Zubereitung: Die Bohnen mit Kochwasser cremig pürieren. Restliche Zutaten einrühren und mit den Gewürzen pikant abschmecken.

Curry-Aprikosen-Dip

ZUTATEN: 150 g getrocknete Aprikosen • 250 ml Aprikosennektar • 4 EL Zitronensaft • 1/2 TL frisch gehackter Ingwer • 150 g Crème fraîche • 150 g Jogurt • 4 EL gehackte Pistazien • 1 TL Curry • Salz • Cayennepfeffer

ZUBEREITUNG: Die Aprikosen im Aprikosennektar 15 Min. garen, abgießen und gut abtropfen lassen, Saft auffangen. Aprikosen fein würfeln und mit etwas Nektar, Zitronensaft, Ingwer, Crème fraîche, Jogurt und Pistazien verrühren. Den Dip mit Curry, Salz und Cayennepfeffer pikant abschmecken.

Auberginen-Knoblauch-Dip

ZUTATEN: 500 g Auberginen • 6–8 EL Olivenöl • 4 geschälte Knoblauchzehen • 2 EL gehacktes Koriandergrün • Salz • frisch gemahlener Pfeffer • Cayennepfeffer • Zitronensaft

ZUBEREITUNG: Die Auberginen halbieren und die Oberflächen mit etwas Öl bestreichen, dann locker in Alufolie wickeln. Im Backofen bei 180° C 45–55 Min. garen. Weiches Fruchtfleisch herauslösen und pürieren. Knoblauch durch die Presse dazudrücken. Öl und Koriander einrühren und mit Salz, Pfeffer, Cayennepfeffer und Zitronensaft pikant abschmecken.

Olivendip

ZUTATEN: 150 g schwarze Oliven, ohne Stein • 150 g grüne Oliven, ohne Stein • 2 geschälte Knoblauchzehen • 2 Sardellenfilets • 2 EL Dijon-Senf • 2 EL frische Thymianblättchen • 125 ml Olivenöl • etwas geriebene Orangenschale • 4 EL Limettensaft • Salz • frisch gemahlener Pfeffer • Cayennepfeffer

ZUBEREITUNG: Die Oliven fein hacken. Knoblauch durch die Presse dazudrücken. Sardellenfilets abspülen, trockentupfen und sehr fein hacken. Mit Senf, Thymianblättchen, Öl, Orangenschale und Limettensaft zu den Oliven geben und gut mischen. Den Dip mit Salz, Pfeffer und Cayennepfeffer pikant abschmecken.

TIPP

Dieser Dip bekommt einen fruchtigen Geschmack, wenn 50 g getrocknete Tomaten in Öl fein gehackt mit dem Olivendip verrührt werden.

Süße Saucen

Nichts erfreut den Menschen mehr, als eine süße Speise nach einem gelungenen Mahl. Dessertsaucen, sei es nun eine schlichte Vanillesauce, eine zartschmelzende Schokoladensauce, eine kompakte Marzipansauce oder eine zuckersüße Karamellsauce, begleiten Aufläufe und Puddings, Früchte oder Gebäck. In unserem letzten Kapitel lernen Sie so köstliche Saucen kennen wie Whiskey-Sahne-Sauce, Eissauce oder eine fruchtige Grappa-Trauben-Sauce zu gebackenem Camembert.

Englische Creme zu Rumtopffrüchten

ZUTATEN: 6 Eigelb • 75 g Zucker • 2 Vanillestangen • 500 ml Milch • 1 Prise Salz • 12–15 EL Rumtopffrüchte • 4 Gebäckröllchen

ZUBEREITUNG: Die Eigelbe mit dem Zucker sehr schaumig rühren. Die Vanillestangen längs aufschneiden und das Mark herausschaben. Vanillemark und -schoten mit der Milch zum Kochen bringen und 15 Min. ziehen lassen. Die Schoten entfernen und die heiße Milch mit etwas Salz und der Eigelbmasse verrühren. Bei mittlerer Temperatur auf dem Herd so lange erhitzen, aber nicht kochen lassen, bis die Creme gebunden ist. Rumtopffrüchte auf Glasschälchen verteilen und die lauwarme englische Creme darüber geben. Jeweils mit einem Gebäckstück garnieren.

TIPP

Die heiße Milch in feinem Strahl zur Ei-Zucker-Mischung gießen.

Zabaione zu Erdbeer-Sekt-Gelee

ZUTATEN: 7 Blatt weiße Gelatine • 215 g Zucker • 2 Limetten • 400 g Erdbeeren • 400 ml Rosé Sekt • 4 Eigelb • 2 Eiweiß • Saft von 1 Orange • 1 Beutel Orange-Back • 100 ml Orangenlikör • 1 Beutel Schwartau gehackte Pistazien • 1 Packung Schwartau Sckoko Dekor Blätter Weiß

ZUBEREITUNG: Die Gelatine in kaltem Wasser 10 Min. einweichen. 140 g Zucker mit 75 ml Wasser offen zu einem hellen Sirup einkochen. 1 Limette waschen und trockenreiben. Die Schale zum Sirup reiben. Beide Früchte auspressen und mit dem Sirup verrühren. Gelatine ausdrücken und in dem warmen Sirup durch Rühren auflösen. Anschließend durch ein feines Sieb gießen. Erdbeeren putzen, waschen und klein schneiden. Früchte mit Sekt und Sirup mischen und in Portionsgläser gießen. In 3–4 Std. im Kühlschrank fest werden lassen. Für die Zabaione Eigelbe mit Eiweiß, dem restlichen Zucker, Orangensaft, Orange-Back und Likör im Wasserbad schaumig aufschlagen. Das Gelee mit Pistazien und Schokoblättern garnieren.

Whiskey-Sahne-Sauce zu Kirschkompott

Zutaten: 1 Glas Sauerkirschen • 1/2 Glas Amarenakirschen • 4 cl Whiskey • 1 EL Speisestärke • 2–4 EL Zucker • 250 g Sahne • 250 g Sahnequark • 8 cl Whiskey-Sahne-Likör • 1 Päckchen Vanillezucker • 2 EL Zucker • 2 Stängel Pfefferminze • 1 Packung Schwartau Schoko Ornamente

Zubereitung: Die Sauerkirschen in einen Topf schütten. Die Amarenakirschen mit etwas Sirup grob pürieren. Mit den Kirschen zum Kochen bringen. Whiskey mit Speisestärke glatt rühren. Zu den Kirschen gießen und einmal aufkochen. Bei Bedarf mit etwas Zucker süßen. Das Kompott abkühlen lassen. Die Sahne steif schlagen. Quark mit Likör, Vanillezucker und 2 EL Zucker cremig rühren. Die Sahne unterheben. Sauce und Kompott abwechselnd in Gläser schichten und mit Minzeblättchen und Schoko Ornamenten garnieren.

Eissauce zu Obstsalat

Zutaten: 2 EL Zucker • 1 EL Butter • 4 EL Köllns Echte Kernige Haferflocken • 2 Orangen • 1 Grapefruit • 1 Apfel • 2 Kiwis • 200 g Erdbeeren • 2–3 EL Zitronensaft • Honig • 500 ml Vanilleeis

Zubereitung: Den Zucker in einer Pfanne zu einem hellen Karamell schmelzen. Butter und Haferflocken einrühren und kurz rösten. Die Röstflocken auf einem Teller abkühlen lassen. Orangen und Grapefruit sorgfältig schälen und in mundgerechte Stücke schneiden. Den Apfel waschen, vierteln, entkernen und in Spalten schneiden. Kiwis schälen und klein schneiden. Erdbeeren waschen, putzen und je nach Größe halbieren oder vierteln. Das Obst mit Zitronensaft und wenig Honig mischen. Das Eis antauen lassen, etwa 1 EL Honig dazugeben und kurz durchrühren. Über den Obstsalat gießen und mit den Röstflocken bestreuen.

Marzipan-Honig-Sauce zu Apfel-Pfirsich-Salat

Zutaten: 2 Äpfel • 3 Pfirsiche • Saft von 1 Zitrone • 2 EL Honig • 50 g Marzipanrohmasse • 250 g Sahne • 6 cl Weinbrand • 75 g Walnusskerne

Zubereitung: Die Äpfel und Pfirsiche waschen und trockenreiben. Alle Früchte halbieren, entkernen und in schmale Spalten schneiden. Sofort mit Zitronensaft und Honig mischen. Den Salat kühl stellen. Marzipan grob raspeln und in der Sahne bei milder Hitze unter ständigem Rühren auflösen. Weinbrand einrühren und die Sauce abkühlen lassen. Walnusskerne sehr grob hacken und fettfrei in einer Pfanne leicht rösten. Die lauwarme Marzipansauce über den Salat gießen und die Walnüsse darüber streuen.

Orangenschaum zu Früchtekebab

ZUTATEN: 4 weiche, getrocknete Feigen • 100 ml roter Portwein • 1 Lorbeerblatt • 1 Apfel • 1 Birne • 2 Nektarinen • 4 EL Zitronensaft • 4 große Erdbeeren • 75 g Butter • 75 g Puderzucker • 1 Päckchen Vanillezucker • 2 cl Orangenlikör • 1 unbehandelte Orange • 3 Eigelb • 2 Eiweiß • 150 g Crème fraîche • 2–3 EL Orangenblütenhonig

ZUBEREITUNG: Die Feigen mit einem Hölzchen rundherum einstechen und in Portwein mit dem Lorbeerblatt 20 Min. köcheln lassen. Apfel, Birne und Nektarinen waschen, vierteln, entkernen und in dicke Spalten schneiden. Sofort mit Zitronensaft beträufeln. Erdbeeren waschen und putzen. Alle Früchte abwechselnd auf 4 Spieße stecken. Butter und Puderzucker 2 Min. erhitzen, Vanillezucker und Likör dazugeben. Orange heiß waschen und trockenreiben. Schale mit einem Zestenreißer abziehen und die Hälfte davon zur Buttermischung geben. Spieße auf ein Backblech legen und mit der Buttermischung rundherum bestreichen. 5 Min. unter dem heißen Grill garen. Orange auspressen. Eigelbe mit dem Orangensaft und der restlichen Schale im Wasserbad cremig aufschlagen. Eiweiß steif schlagen. Eigelbcreme in eine Schüssel mit Eiswürfelwasser stellen und kalt schlagen. Crème fraîche und Honig einrühren und den Eischnee unterheben. Orangenschaum über die Obstspieße gießen.

TIPP

Der Orangenschaum schmeckt auch hervorragend zu exotischen Obstspießen aus Ananas, Mango, Papaya, Bananen und Kiwis.

Orangensirup zu Sommerfrüchten

Zutaten: 1 Ogenmelone • 2 Orangen • 250 g Erdbeeren 100 g blaue Trauben • 100 g helle Trauben • 100 g Physalis • 1/2 Bund Pfefferminze • 4 cl Orangenlikör • 250 g Zucker • 1 EL Surig Essig-Essenz • 2 Sternanis • 5 Gewürznelken • 3 Pimentkörner • 1/2 Zimtstange

Zubereitung: : Die Melone schälen, Kerne und Fasern entfernen. Die Melone in dünne Spalten schneiden. 1 Orange wie einen Apfel schälen und filetieren. Erdbeeren waschen, putzen und je nach Größe halbieren oder vierteln. Trauben putzen, waschen, halbieren und entkernen. Physalis aus der Umhüllung nehmen und waschen. Minze waschen und die Blätter von den Stielen zupfen. Alle Zutaten in einer Schüssel mischen und mit dem Likör beträufeln. Die zweite Orange auspressen. Saft und Zucker langsam aufkochen, Essig-Essenz, Sternanis, Gewürznelken, Pimentkörner und das Stück Zimtstange hinzufügen und alles offen sirupartig einkochen. Die Sauce abkühlen lassen, feste Gewürze entfernen und zu den Früchten reichen.

Weinschaumsauce zu Bratäpfeln

ZUTATEN: 50 g gehackte Mandeln • 4 Boskopäpfel • 125 g Rum-Rosinen (Fertigprodukt) • 4 EL flüssige Butter • 4 EL Hagelzucker • 2 Eier • 3 Eigelb • 1/2 TL Speisestärke • 1 Prise Salz • 1 EL Zitronensaft • 75 g Zucker • 200 ml Vin Santo

ZUBEREITUNG: Die Mandeln in einer Pfanne fettfrei rösten und abkühlen lassen. Äpfel waschen und das Kerngehäuse mit einem Apfelausstecher herausschneiden, dabei einen Boden stehen lassen. Die Öffnungen etwas vergrößern. Herausgelöste Apfelstücke und Rosinen grob hacken und mit den Mandeln mischen. Backofen auf 200° C vorheizen. Äpfel mit der Rosinen-Mandel-Masse füllen und außen mit etwas flüssiger Butter bestreichen. Die Äpfel in eine feuerfeste Form setzen und im Backofen 25–35 Min. braten. Mit der restlichen Butter bestreichen und mit Hagelzucker bestreuen. Ein Ei trennen. 4 Eigelbe und 1 ganzes Ei mit Speisestärke, Salz, Zitronensaft, Zucker und Vin Santo im heißen Wasserbad schaumig aufschlagen. Das Eiweiß steif schlagen und unterheben. Die Bratäpfel auf Desserttellern anrichten, mit etwas Weinschaum begießen und den Rest getrennt dazu reichen.

TIPP

Für die Weinschaumsauce können Sie Weißwein, einen Dessertwein wie Marsala oder lieblichen Sherry verwenden. Bei Dessertweinen genügen häufig 50 g Zucker.

Pfirsichlikör-Jogurt-Sauce zu Nektarinen

ZUTATEN: 250 g Vanillejogurt • 250 g Mascarpone • 1 Päckchen Vanillezucker • 8 cl Pfirsichlikör • 1 Beutel Citro-Back • Saft von 1 Limette • 200 g Sahne• 5 Nektarinen • 3 EL Zucker • 100 g Schwartau Schoko Raspel Vollmilch • 1 Packung Schwartau Schoko Ornamente

ZUBEREITUNG: Den Jogurt mit Mascarpone, Vanillezucker, 4 cl Likör, Citro-Back und Limettensaft verrühren. Sahne steif schlagen und unterheben. Nektarinen waschen, vierteln und entkernen. Eine Frucht in dünne Spalten schneiden, die restlichen Früchte in kleine Würfel schneiden, mit dem restlichen Likör beträufeln und mit dem Zucker mischen. 15 Min. durchziehen lassen. Likörsauce abwechselnd mit den Nektarinenwürfeln und den Schoko Raspeln in Gläser schichten. Mit Nektarinenspalten und Schoko Ornamenten garnieren.

Nougatsauce zu Grießflammeri

Zutaten: 750 ml Milch • 500 g Sahne • Salz • 10 EL Hartweizengrieß • 10 TL Zucker • 1 Päckchen Vanillezucker • etwas geriebene Zitronenschale • 1 Ei • 75 g Nougat • 2–3 EL abgekühlter Kaffee • 1/2 Honigmelone • 2 Kiwis • 1 großer Pfirsich • 125 g Weintrauben • 10 Cocktailkirschen • 2 cl Weinbrand • 1 EL Honig

Zubereitung: Milch und 250 g Sahne mit etwas Salz zum Kochen bringen. Grieß einrieseln lassen und unter Rühren 3 Min. köcheln lassen. Zucker, Vanillezucker und Zitronenschale einrühren. Ei trennen. Eigelb unter den Grieß rühren. Eiweiß steif schlagen und unter den leicht abgekühlten Grieß heben. Eine Puddingform mit kaltem Wasser ausspülen und den Grieß darin vollständig abkühlen lassen. Dann auf eine Platte stürzen. Restliche Sahne mit zerkleinertem Nougat und Kaffee erhitzen und glatt rühren. Aus der Melone kleine Kugeln ausstechen. Kiwis und Pfirsich schälen und klein schneiden. Weintrauben putzen und waschen. Alle Früchte mit Weinbrand und Honig mischen, 30 Min. durchziehen lassen. Nougatsauce über den Flammeri gießen und mit dem Obstsalat anrichten.

Tipp

Wenn's mal schnell gehen soll, statt der selbst gemachten Schokoladensauce 1 Flasche Schwartau Dessert-Sauce Schokolade verwenden.

Orangensauce zu Schokoladenpudding

Zutaten: 100 g Zartbitterschokolade • 200 g Butter • 180 g Zucker • 2 Päckchen Vanillezucker • 3 Eier • 2 cl Rum • 1 TL Instant Kaffeepulver • 100 g Blütenzarte Köllnflocken • 7 TL Speisestärke • 1 EL Kakao • 2 TL Backpulver • 65 ml Milch • Butter für die Form • 2 EL zerkleinerte Kölln Knusprige Haferfleks • 2 große, unbehandelte Orangen • 125 ml halbtrockener Weißwein • 1 TL Butter • 250 g Sahne

Zubereitung: Die Schokolade fein reiben. Butter mit 150 g Zucker und 1 Päckchen Vanillezucker schaumig rühren. Eier, Rum, Kaffeepulver, Haferflocken, 5 TL Speisestärke, Kakao und Backpulver einrühren. Nach und nach die Milch dazugießen. Eine Puddingform (2 l Inhalt) einfetten, mit Haferfleks ausstreuen und die Masse einfüllen. Mit dem Deckel verschließen und im siedenden Wasserbad 75 Min. garen. Orangen heiß waschen und trockenreiben. Die Schale abreiben und beide Früchte auspressen. Restliche Speisestärke mit Wein und restlichem Zucker einmal aufkochen. Orangenschale und Saft sowie die Butter einrühren und abkühlen lassen. Sahne mit restlichem Vanillezucker steif schlagen. Pudding aus der Form stürzen und mit der Sauce und der geschlagenen Sahne anrichten.

Bananen-Karamell-Sauce zu Ananaspfannkuchen

ZUTATEN: 4 Eier • Salz • etwas geriebene Orangenschale • 1 EL Ahornsirup oder Zucker • 200 g Mehl • 350–400 ml Milch • 1 große Dose Ananasscheiben • Butterschmalz zum Backen • 4 TL Kokosraspel • 75 g Zucker • 1 EL Honig • 250–300 g Sahne • 1 kleine, reife Banane • 2 EL Butter

ZUBEREITUNG: Die Eier mit etwas Salz, Orangenschale, Ahornsirup oder Zucker und Mehl mischen. Nach und nach 350 ml Milch hinzugießen und glatt rühren. Teig 30 Min. ruhen lassen. Nach Bedarf noch etwas Milch dazugeben. Ananasscheiben gut abtropfen lassen. Etwas Butterschmalz in einer Pfanne erhitzen und ein Viertel des Teigs einfüllen. Nach 1 Min. 3 Ananasscheiben und 1 TL Kokosraspeln auf die Oberfläche legen. Bei Bedarf noch etwas Fett in die Pfanne geben, den Pfannkuchen wenden und fertig backen. Die anderen 3 Pfannkuchen auf die gleiche Weise backen. Zucker zu hellem Karamell schmelzen. Honig und 250 g Sahne erhitzen und vorsichtig zum Karamell gießen. Banane schälen und mit einer Gabel zerdrücken. Zum Karamell geben und alles erhitzen. Butter einrühren und die Masse durch ein Sieb streichen. Nach Bedarf die restliche Sahne dazugießen. Warm oder kalt zu den Pfannkuchen reichen.

TIPP

Fertig gebackene Pfannkuchen am besten im 100°C heißen Backofen warm halten, bis alle Pfannkuchen gebacken sind.

Orangen-Schokoladen-Sauce zu Maronenpüree

Zutaten: 500 g geschälte und gekochte Maronen • 400 ml Milch • Lebkuchengewürz • etwas geriebene Zitronenschale • 1 Päckchen Vanillezucker • 1 Vanilleschote • 550–600 g Sahne • 3 Eigelb • 2 EL Zucker • 6 cl Orangenlikör • 1 EL Kakao • 100 g Herrenschokolade • etwas geriebene Orangenschale • 1 EL Orangenblütenhonig

Zubereitung: Die Maronen grob hacken und in der Milch mit 1 Prise Lebkuchengewürz offen sehr weich kochen, wobei alle Flüssigkeit verkocht sein sollte. Mit Zitronenschale und Vanillezucker würzen. Maronen pürieren und durch ein feines Sieb streichen. Vanilleschote aufschneiden, Mark herausschaben und beides mit 250 g Sahne zum Kochen bringen. Eigelbe mit Zucker schaumig rühren. Sahne langsam dazugießen und bei milder Hitze cremig rühren. Vanilleschote entfernen. Abgekühlte Creme mit dem Maronenpüree und wenig Orangenlikör mischen. 300 g Sahne mit Kakao und gehackter Schokolade erhitzen und glatt rühren. Mit restlichem Likör, Orangenschale und Honig mischen. Bei Bedarf noch etwas Sahne dazugießen. Maronenpüree durch die Kartoffelpresse drücken und mit der Sauce begießen.

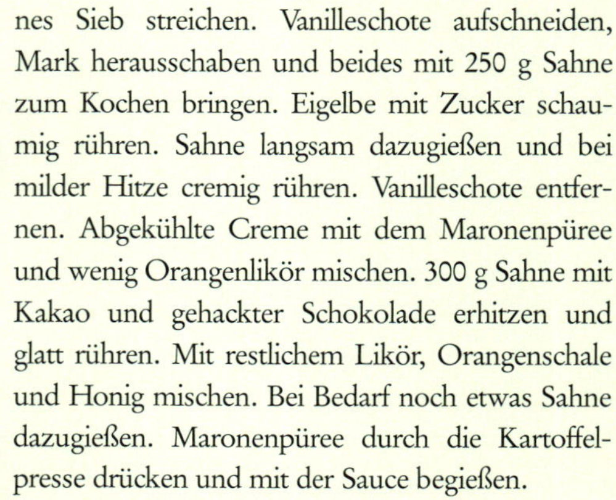

Mit geschlagener Sahne servieren.

Kiwisauce zu Pfirsichmousse

ZUTATEN: 3 Eigelb • 80 g Puderzucker • 3 Blatt Gelatine • 1 kleines Glas eingemachte Pfirsiche • 250 g Sahne • 4 cl Pfirsichlikör • 3 reife Kiwis • 1 EL Honig • 1 EL Zitronensaft • 2 cl Pfefferminzlikör oder Pfefferminzsirup • 2 Stängel Pfefferminze

ZUBEREITUNG: Die Eigelbe mit gesiebtem Puderzucker schaumig rühren. Gelatine in kaltem Wasser einweichen. Pfirsiche abgießen, Saft dabei auffangen. Die Pfirsiche mit wenig Saft pürieren und durch ein feines Sieb streichen. 250 ml davon abmessen und erhitzen. Gelatine gut ausdrücken und in dem warmen Püree auflösen. Eigelbmasse einrühren. Sahne steif schlagen und unter das abgekühlte Püree heben. Mit Pfirsichlikör abschmecken. Die Creme kühl stellen. Kiwis schälen und pürieren. Mit Honig, Zitronensaft und Pfefferminzlikör oder -sirup verrühren. Von der Mousse Nocken abstechen und mit der Sauce anrichten. Mit einigen Minzeblättchen garnieren.

TIPP

Umgekehrt schmeckt es genauso gut: Kiwimousse mit Pfirsichsauce. Frisches Kiwipüree einmal aufkochen und mit der Gelatine binden.

Beschwipste Kirschsauce zu Mohnpastetchen

ZUTATEN: 500 g Herzkirschen • 125 ml Kirschwasser • 75 g Zucker • 250 ml Kirschsaft • 1 TL Speisestärke • 300 g tiefgekühlter Blätterteig • 1 Eiweiß • 30 g Schwartau gehackte Mandeln • 1 EL Zucker • 250 g Mascarpone • 1 Beutel Mohn-Back • 2 Limetten • 150 g Sahne • 2 Beutel Kirsch-Back

ZUBEREITUNG: Kirschen mit einem Spießchen rundherum einstechen, mit Kirschwasser begießen, über Nacht durchziehen lassen. Saft und Zucker zu den Kirschen geben und zum Kochen bringen. Stärke in etwas kaltem Wasser glatt rühren. Mit den Kirschen mischen, einmal aufkochen lassen. Blätterteig antauen lassen. Ofen auf 200° C vorheizen. 2 Teigplatten etwas ausrollen und 4 Kreise von 8 cm ausschneiden. Teigkreise auf ein mit Backpapier ausgelegtes Backblech legen. Aus dem restlichen Teig 8 Streifen schneiden. Teigplatten und Streifen mit Eiweiß bestreichen und jeweils 2 Streifen übereinander em Rand entlang auf 1 Kreis legen. Wieder mit Eiweiß bestreichen und mit Mandeln und Zucker bestreuen. Im Ofen 15–20 Min. backen. Heiße Pastetchen mit einem Löffel in der Mitte leicht herunterdrücken. Mascarpone mit Mohn-Back verrühren. 1 Limette waschen und trockenreiben. Die Schale zum Mohn reiben. Früchte auspressen. Saft und Kirsch-Back mit dem Mohn verrühren. Sahne steif schlagen und unterheben. Die abgekühlten Pastetchen füllen, die Kirschsauce warm oder kalt dazu reichen.

Nuss-Krokant-Sauce zu gebratenen Bananen

ZUTATEN: 50 g Walnusskerne • 100 g Zucker • 2 EL Akazienhonig • 250 g Sahne • 1 Tässchen Espresso • 4 feste Bananen • 4 EL Zitronensaft • 4 EL Butter • 4 Kugeln Vanilleeis • 2 Stängel Zitronenmelisse

ZUBEREITUNG: Die Walnusskerne grob hacken. Zucker zu einem hellen Karamell schmelzen. Etwa 2 EL Karamell mit den Nüssen mischen und auf einem Teller fest werden lassen. Honig mit Sahne und Espresso erhitzen und langsam zum restlichen Karamell gießen. Die Sauce etwas abkühlen lassen. Die Bananen schälen, längs halbieren und mit Zitronensaft bestreichen. Butter in einer Pfanne erhitzen und die Bananen darin etwa 5 Min. braten. Krokant grob hacken und mit der Sauce mischen. Bananen auf Tellern anrichten, mit der Sauce begießen und jeweils 1 Kugel Vanilleeis dazu setzen. Mit Melisseblättchen garnieren.

Limoncellosauce zu lauwarmem Obstsalat

TIPP

Wenn eine kühlere Flüssigkeit zum heißen Karamell gegossen wird, erstarrt der Zucker. Die Zubereitung dann so lange weiter erhitzen, bis der Karamell wieder geschmolzen ist.

ZUTATEN: 75 g Zucker • 6 cl Limoncello (Zitronenlikör) • 6 EL Limettensaft • Saft von 1 Mandarine • 2 EL Butter • 1 Mango • 1 Papaya • 1 Banane • 1 Birne • 1 Pfirsich • 2 EL Orangenblütenhonig • 100g Crème double • 6 Zitronenmelisseblätter

ZUBEREITUNG: Den Zucker zu einem hellen Karamell schmelzen. Limoncello und Zitrussäfte erwärmen und zum Karamell gießen. Butter einrühren. Backofen auf 200° C erhitzen. Alle Früchte schälen, entkernen und in schmale Spalten bzw. Scheiben schneiden. Das Obst in eine feuerfeste Form geben und mit der Sauce begießen. Im heißen Backofen 10 Min. backen. Die Früchte kurz durchrühren. Honig und Crème double mischen und gut gekühlt über den Obstsalat gießen. Mit Melisseblättchen bestreuen.

Eierschaum zu Mohnparfait

ZUTATEN: 4 Eier • 3 Eigelb • 75 g Zucker • 3 EL Mohn-Back • 300 g Sahne • 5 EL Puderzucker • 1 Päckchen Vanillezucker • etwas geriebene Zitronenschale • 1 Prise Salz • 1 cl Orangenlikör • 200 g Brombeeren • 2 EL Brombeerlikör

ZUBEREITUNG: 2 Eier und die Eigelbe mit dem Zucker im heißen Wasserbad schaumig rühren. Mohn-Back dazugeben und die Schüssel in eine größere Schüssel mit Eiswasser aus Eiswürfeln stellen. Die Creme kalt schlagen. Sahne steif schlagen und unter die Mohnmasse heben. Die Parfaitmasse in 4 Tassen oder eine längliche Form gießen und mindestens 6 Std. ins Tiefkühlgerät stellen. Die restlichen beiden Eier trennen. Die Eigelbe mit dem gesiebten Puderzucker und Vanillezucker weißlich cremig aufschlagen. Mit etwas Zitronenschale würzen. Die Eiweiße mit 1 Prise Salz steif schlagen und mit dem Orangenlikör unter die Eigelbmasse heben. Die Brombeeren mit dem Brombeerlikör beträufeln und kurz durchziehen lassen. Das Parfait 30 Min. vor dem Anrichten aus dem Tiefkühlgerät nehmen und zusammen mit dem Eierschaum und den marinierten Brombeeren anrichten.

Ziegenfrischkäse-Sauce zu gratinierten Feigen

Zutaten: 6 große, frische Feigen • Butter für die Förmchen • 150 ml roter Portwein • 1 kleiner Stängel Rosmarin • 75 g Zucker • 125 g Mascarpone • 50 g Ziegenfrischkäse • 2 EL Akazienhonig • 1 EL Limettensaft • etwas Milch • frisch gemahlener weißer Pfeffer • 12 Amaretti (Mandelkekse)

Zubereitung: Die Feigen waschen und trockenreiben. 2 Früchte vierteln, die anderen 4 kreuzweise bis zur Mitte einschneiden und in der Mitte etwas auseinander drücken. 4 kleine feuerfeste Förmchen einfetten und jeweils anderthalb Feigen hineinsetzen. Den Portwein mit Rosmarin und Zucker sirupartig einkochen. Rosmarin entfernen und den Sirup über die Früchte gießen. Mascarpone mit Ziegenfrischkäse, Akazienhonig, Limettensaft und wenig Milch cremig rühren. Mit einem Hauch Pfeffer würzen. Über die Feigen löffeln und 2–3 Min. unter dem heißen Grill überbacken. Amaretti zerbröseln und über das Dessert streuen.

Grappa-Trauben-Sauce mit gebackenem Camembert

Zutaten: 150 g helle Trauben • 150 g blaue Trauben • 4 EL Wein- oder Apfelgelee • 8 cl Grappa • 4 halbe Camembert • 2 EL fein gehackte Walnüsse • 8 EL Paniermehl • 2 kleine Eier • Salz • frisch gemahlener Pfeffer • Butterschmalz zum Braten

Zubereitung: Alle Trauben putzen, waschen und gut abtropfen lassen. Die Trauben halbieren und entkernen. Mit Gelee und Grappa mischen und mindestens 3 Std. durchziehen lassen. Die Camemberts bei Raumtemperatur 1 Std. ruhen lassen. Walnüsse mit Paniermehl auf einem Teller mischen. Die Eier mit etwas Salz und Pfeffer auf einem anderen Teller verrühren. Reichlich Butterschmalz in einer Pfanne erhitzen und die Camemberts zuerst durchs Ei ziehen und dann in das Paniermehl drücken. Den Käse goldgelb braten und auf Küchenpapier entfetten. Jeweils 1 gebackenen Camembert mit etwas Grappa-Trauben-Sauce auf Desserttellern anrichten.

Tipp

Statt Camembert können Sie auch jeden anderen aromatischen, halbfesten Käse panieren und rasch in heißem Butterschmalz braten.

Vanillesauce

ZUTATEN: 2 Vanillestangen • 500 ml Milch • 6 Eigelb • 1 Prise Salz • 100 g Zucker

ZUBEREITUNG: Die Vanillestangen aufschneiden, das Mark herausschaben. Mark und Schoten zur Milch geben und erhitzen. 10 Min. ziehen lassen. Die Eigelbe mit Salz und Zucker in einer Schüssel cremig rühren. Die heiße Milch durch ein Sieb dazugießen und im Wasserbad dicklich aufschlagen.

Schokoladensauce

ZUTATEN: 100 g Edelbitter-Schokolade • 75 g Sahne • 1–2 TL Zucker • etwas Weinbrand • 3–4 EL geschlagene Sahne

ZUBEREITUNG: Die Schokolade grob hacken und in der Sahne bei milder Hitze auflösen. Mit Zucker und Weinbrand parfümieren und nach dem Abkühlen die Sahne unterheben.

Marzipansauce

ZUTATEN: 4 EL gehackte Mandeln • 75 g Marzipanrohmasse • 200 g Sahne • 2–4 cl Mandellikör • evtl. etwas Milch

Zubereitung: Die Mandeln in einer Pfanne fettfrei leicht rösten. Das Marzipan klein schneiden und mit der Sahne langsam unter Rühren erhitzen. Mit den gerösteten Mandeln und dem Likör mischen. Die abgekühlte Sauce nach Bedarf mit etwas Milch verdünnen.

Karamellsauce

Zutaten: 100 g Zucker • 3 EL Kaffee • 1–2 EL Honig • 200 g Sahne • etwas Milch

Zubereitung: Den Zucker zu einem hellen Karamell schmelzen. Kaffee, Honig und Sahne erhitzen und langsam dazugießen. Nach dem Abkühlen mit etwas Milch verdünnen.

Rohe Fruchtsauce

Zutaten: 400–500 g gemischte Beeren • 30–50 g Puderzucker • Erdbeerlikör, Himbeergeist o. Ä. nach Belieben

Zubereitung: Die Früchte verlesen, waschen oder schälen, entkernen und klein schneiden. Mit dem gesiebten Puderzucker mischen und Saft ziehen lassen. Dann pürieren und bei Bedarf durch ein feines Sieb streichen. Mit dem passenden Likör oder Geist parfümieren.

Praxistipps

In diesem Teil erfahren Sie allerlei Wissenswertes über Saucen: womit sie gebunden werden, was zu tun ist, wenn etwas schief gegangen ist, wie Saucen haltbargemacht werden können. Wir erklären die wichtigsten Fachausdrücke und informieren, welche Sauce zu welchen Speisen am besten passt.

Saucen binden

Eine Sauce ist keine Brühe und kein Fond. Die Sauce soll die Speisen, seien es nun Salate, Gerichte aus Fleisch, Fisch und Meeresfrüchten, Kartoffeln, Gemüse, Reis und Pasta sowie Desserts, leicht überziehen, den Geschmack vervollkommnen. Was wäre denn ein Schweinebraten mit Knödeln ohne die sämigsamtige dunkle Biersauce? Wie würden Spaghetti schmecken ohne Tomatensauce oder Pesto? Was wäre ein Salat ohne Dressing? Ein Roastbeef ohne Remoulade? Und was fehlt einem Dessert aus Früchten? Eine himmlisch duftenden Vanillesauce.

Mit Mehl und Stärke: Alle Saucen müssen mehr oder weniger stark gebunden sein, dafür eignet sich die Mehlschwitze (Roux), die je nach dem Röstgrad des Mehls milder oder kräftiger schmeckt, heller oder dunkler ist. Das in Butter angeschwitzte Mehl wird mit so viel heißer oder kalter Brühe aufgegossen, bis die Sauce die gewünschte Sämigkeit erreicht hat. Abgeschmeckt wird mit Gewürzen, Kräutern, Wein usw. Eine Bratensauce erhält einen besonders guten Geschmack und eine samtige Konsistenz, wenn sie mit Mehlbutter, einer Mischung aus Butter und Mehl, gebunden wird. Hierzu werden im Verhältnis 1 : 1 Butter und Mehl verknetet, kalt gestellt und stückchenweise in den Bratensaft eingerührt.

Mit Mehl gebundene Saucen müssen mindestens 5 Minuten, besser 10 Minuten oder länger kochen, damit der Mehlgeschmack verschwindet.

Auch mit Speisestärke aus Kartoffel- oder Maismehl oder Pfeilwurzmehl werden Saucen gebunden. Die Speisestärke muss immer in etwas kaltem Wasser glatt gerührt werden. Dann gießt man sie in die kochende Flüssigkeit und lässt die Sauce einmal aufkochen.

Im Handel gibt es helle und dunkle Saucenbinder, die einfach in den Bratensaft eingerührt werden. Im Gegensatz zu verschiedenen Saucenprodukten für Rinderbraten, Schweinebraten, Hackbraten, Gulasch usw. sind sie geschmacksneutral. Sie können sogar in Wasser eingerührt werden. Pulver für helle Saucen, Holländische Sauce und andere Saucen gelten als kleine Nothelfer in der Küche.

Mit Butter: Braten- und Schmorfonds werden in der feinen Küche auch mit Butter gebunden. Dafür werden kleine Stückchen von eiskalter Butter in den heißen Fond mehr eingeschwenkt als gerührt. Die Sauce erhält eine leicht Bindung und muss umgehend serviert werden.

Mit Eigelb: Leichte Saucen für Gemüse, Fisch, Meeresfrüchte und helles Fleisch werden gern mit Eigelb gebunden. Dafür wird Eigelb in einer Schüssel mit etwas heißer Brühe,

Fond o. Ä. gemischt und in die heiße, nicht kochende Flüssigkeit gerührt. Eine Messerspitze Mehl in der Flüssigkeit verhindert das Gerinnen des Eis. Die Sauce wird so lange vorsichtig erwärmt, bis sie die gewünschte Konsistenz erreicht hat.

MIT KARTOFFELN UND GEMÜSE: Saucen für Fleisch, Fisch und Gemüse können auch mit gekochtem Gemüse gebunden werden. Geben Sie Kartoffeln, Möhren, Sellerie oder Suppengrün mit zum Gargut. Das Gemüse wird später püriert, durch ein Sieb gestrichen und die Koch- oder Schmorflüssigkeit mit dem Püree (Coulis) gebunden. Sehr apart schmeckt gekochter Spargel mit einer Sauce aus Spargelkochwasser und püriertem Spargel, verfeinert mit Butter oder Sahne und Zitronensaft.

PANNENHILFE

Trotz ausreichender Erfahrung und nach Einhaltung exakter Rezeptangaben kann es passieren, dass eine Sauce nicht so geworden ist wie gewünscht. Oder sie hat einfach nicht den richtigen Geschmack. Da helfen oft ein paar einfache Tricks, damit die mit Liebe gekochte Speise nicht ohne Sauce auf den Tisch kommt.

DIE SAUCE IST ZU DÜNN: Lassen Sie die Sauce einfach offen einige Minuten sprudelnd einkochen (reduzieren), bis sie die gewünschte Konsistenz erreicht hat. Oder binden Sie die Sauce mit hellem oder dunklem Saucenbinder, mit in kaltem Wasser angerührtem Mehl oder angerührter Speisestärke, pürieren Sie etwas gegartes Gemüse wie Kartoffeln, Möhren, Zwiebeln und binden Sie die Sauce mit diesem Coulis.

▬ Die Sauce scheckt fad: Lassen Sie die Sauce offen einige Minuten sprudelnd kochen. Überschüssige Feuchtigkeit verschwindet in der Abzugshaube, die Sauce erhält einen kräftigeren Geschmack. Häufig hilft es aber schon, wenn die Sauce mit etwas mehr Salz und Pfeffer abgeschmeckt wird. Wenn's immer noch nicht richtig gut schmeckt, hilft vielleicht ein kleiner Brühwürfel, um den Geschmack zu intensivieren. Oder ein paar frische oder getrocknete Kräuter oder die anderen kleinen Helfer, die auch bei einer angebrannten Sauce zur Verwendung kommen.

▬ Die Sauce ist angebrannt: Hier hilft gar nichts; die Sauce ist verdorben und muss weggegossen werden. Für schnellen Ersatz sorgen in diesem Fall entweder Saucenpulver aus dem Supermarkt, die man mit Fonds aus Gläsern oder Brühgranulat oder Brühpasten, süßer oder saurer Sahne wie Crème fraîche oder Schmand und verschiedenen Gewürzen und Kräutern zu einer Sauce verrührt. Ein bisschen Wein, ein Löffelchen Senf, etwas Tomatenmark, ein paar frische Thymian- oder Rosmarinblättchen, ein paar getrocknete Pilze, etwas geriebene Zitrusschale, etwas Ingwer, Chili und gutes Öl oder eine ordentliche Portion Butter – mit all diesen feinen Sachen kann schnell eine neue Sauce für Fleisch oder Fisch, Gemüse oder Pasta komponiert werden.

Die Sauce ist zu dick: Ein wenig Rot- oder Weißwein, Sherry oder Portwein, etwas Fleisch- oder Gemüsebrühe, Sahne, etwas fertiger Fond oder Butter machen Ihre Sauce dünnflüssiger. Wenn Ihre Sauce besonders kräftig schmeckt, hilft auch schon einmal ein Schuss Wasser. Dessertsaucen können mit Milch, Sahne oder Likör verdünnt werden.

Die Sauce ist geronnen: Wenn eine Sauce mit Sahne gerinnt, liegt es daran, dass die Sahne zu wenig Fett enthielt, und/oder dass die Sauce zu heftig gekocht wurde. Saure Sahne mit 10 % Fett darf nach dem Einrühren in die fertige Sauce nicht mehr kochen. Schmand mit rund 24 % Fett, süße Sahne mit mehr als 30 % Fett, Crème fraîche, eine leicht säuerliche Sahne mit über 35 % Fett und Crème double, eine sehr fetthaltige, süße Sahne mit rund 40 % Fett, eignen sich am besten für heiße Saucen. Käsesauce auf der Basis von Sahne und geriebenem Käse kann ebenfalls gerinnen, wenn die Sahne zu heiß ist. Zum Gerinnen neigt auch die berühmte Holländische Sauce. Manchmal hilft es, ein Eigelb und etwas Wasser im heißen Wasserbad cremig zu rühren und die geronnene Sauce langsam dazuzugeben und unterzuschlagen. Auch Majonäse kann gerinnen. Bei Zubereitungen mit Eigelb und Butter oder Öl müssen alle Zutaten die gleiche Temperatur aufweisen, sie dürfen nur in kleinen Mengen miteinander gemischt werden und sie dürfen nie zu heftig kochen.

Die Sauce ist zu salzig: Der Zusatz von Sahne reduziert den salzigen Geschmack. Bei warmen Saucen kann eine geriebene Kartoffel mitgekocht werden. Bei kalten Saucen können Öl, Saft, Jogurt oder andere Milchprodukte den salzigen Geschmack mildern. Wem allerdings eine große Portion Salz in die Sauce geraten ist, kann diese nicht mehr retten.

DIE SAUCE IST KLUMPIG: Große oder kleine Klümpchen in der Sauce machen keinem Feinschmecker Freude. Eine solche Sauce, sei sie nun süß oder pikant, wird einfach durch ein feines Sieb gestrichen und schon sind die ungeliebten Klümpchen verschwunden.

DIE SAUCE IST ZU FETT: Flüssiges Fett kann mit einem Löffel abgeschöpft werden. Am einfachsten ist es jedoch, die Sauce zum Abkühlen in den Kühlschrank zu stellen. Das Fett wird an der Oberfläche fest und kann abgehoben werden. Man kann auch ein paar Eiswürfel in ein Geschirrtuch legen und durch vorsichtiges Eintauchen das Fett an das Eis binden. Im Handel gibt es Saucieren mit zwei Ausgießvorrichtungen, wobei das oben schwimmende Fett durch die obere Tülle und die fettfreie Sauce durch die untere Tülle fließt.

DIE SAUCENMENGE IST ZU WENIG: In diesem Fall hilft eine ordentliche Portion Butter oder süße oder saure Sahne, Crème fraîche o. Ä. Anschließend die Sauce noch einmal abschmecken. Nothelfer sind auch die fertigen Saucenprodukte von Maggi, Knorr & Co. Auch damit können Saucen verlängert werden. Wer im Tiefkühlgerät etwas Fond im Eiswürfelbehälter eingefroren hat, kann schnell größere Mengen Sauce herstellen.

Die BRATENSAUCE IST ZU HELL: Im Handel gibt es Zuckercouleur, eine dunkelbraune Zubereitung mit neutralem Geschmack, mit der zu helle Bratensaucen »gefärbt« werden können. Ein dunkler Saucenbinder bringt ebenfalls etwas Farbe in die Sauce.

HELLE SAUCEN SIND FARBLOS: Manchmal wünscht der Koch bzw. die Köchin, dass die helle Sauce ein klein wenig farbiger auf den Teller kommt. Zum appetitmachenden Einfärben eignen sich Eigelb, Paprikapulver, Tomatenmark, Safran und Kurkuma. Für eine frühlingsfrische grüne Farbe sorgen reichlich feinst gehackte Kräuter wie Petersilie, Kerbel, Basilikum, Dill usw. Diese frischen oder tiefgefrorenen Kräuter aber erst ganz zum Schluss mit der fertigen Sauce mischen.

FOND ODER BRÜHE IST TRÜB: Meistens werden Fonds und Brühen aus Fleisch, Geflügel und Knochen trüb, weil sie zu stark kochen, wobei das Eiweiß ausflockt. Andererseits befindet sich gerade in den Trübstoffen der gute Geschmack. Wer trotzdem eine glasklare Flüssigkeit wünscht, gießt die fertige Brühe oder den Fond durch einen Papierfilter oder verrührt zwei Eiweiße mit der Flüssgikeit, lässt sie 3 bis 5 Minuten kochen und weitere 10 bis 15 Minuten neben dem Herd ziehen. Anschließend den Schaum abnehmen und die Brühe langsam durch ein Mulltuch gießen.

Im Handel sind fertige Fonds in verschiedenen Geschmacksrichtungen erhältlich. Ein solcher Fond kann eingekocht und sowohl zur Verlängerung als auch zur Geschmacksverstärkung der eigenen Sauce eingesetzt werden.

Die Dessertsauce ist zu süss: Die zu süße Sauce kann durch Beigabe etwas geschlagener Sahne, eine fruchtige zu süße Sauce durch ungesüßtes Fruchtpüree aus tiefgefrorenen Früchten gerettet werden. Wo's passt, kann auch etwas Zitronen- oder Limettensaft helfen.

Das Dressing oder die Marinade ist zu sauer: Wenn eine Salatsauce zu sauer geraten ist, empfiehlt es sich, einige Esslöffel der Sauce abzuschöpfen und Öl, Sahne, Jogurt, Saft, Brühe oder Wein mit dem restlichen Dressing zu verrühren. Nach Bedarf wieder etwas von der abgeschöpften sauren Sauce dazugeben, wenn der Geschmack es verlangt. Eine zu saure Marinade mit Wein oder Wasser verdünnen. Manchmal hilft auch ein wenig Zucker, um den sauren Geschmack zu neutralisieren.

Haltbarmachen

Sehr gut können Brühen und Fonds in speziellen, gefriertauglichen Behältern bis zu 6 Monaten eingefroren werden. Ein kräftiger Fond kann auch in Eiswürfelbehältern eingefroren werden. So lässt sich ganz leicht eine kleine Menge zur Abrundung oder Verlängerung einer Sauce entnehmen. Ebenfalls einige Monate können Gemüse- und Fruchtpürees (Coulis) eingefroren werden. Bratensaucen sollten möglichst getrennt vom Fleisch eingefroren werden. Die Gefäße dürfen nie ganz gefüllt sein.

Majonäsen, Remouladen, Englische Creme und Holländische Sauce sollten gar nicht gefroren werden. Auch Chutneys

> **TIPP**
>
> **Warme Saucen bei Tisch am besten mit Hilfe eines Rechauds warm halten. Schaumig aufgeschlagene Saucen vertragen keine langen Ruhezeiten.**

und Reslishes sind nicht zum Einfrieren geeignet. Sie können aber einige Zeit in gut verschließbaren Gläsern aufbewahrt werden. Dafür müssen die Gläser und Deckel sauber gespült sein. Die Zubereitung aus einwandfreien Zutaten muss heiß in die Gläser gefüllt und sofort mit einem Deckel (Twist-off) verschlossen werden. Haltbarkeit bis zu 1 Monat an einem kühlen Ort.

Kalte Saucen wie Dressings, Majonäsen, Dips, Salsas usw. sollten nicht länger als 2 bis 3 Tage im Kühlschrank aufbewahrt werden. Wenn frische Zwiebeln verwendet worden sind, beträgt die Haltbarkeit nur gut 1 Tag. Gekochte süße Saucen können im Kühlschrank bis zu 3 Tagen aufbewahrt werden.

KÜCHENLEXIKON

Wie überall, gibt es auch in der Küche Fachbegriffe, die nicht von jedem gleich verstanden werden. Deshalb erklären wir nachfolgend die wichtigsten Ausdrücke.

BÉCHAMELSAUCE: Eine der bekanntesten und beliebtesten hellen Saucen. Sie entsteht aus Roux, einer Mehlschwitze, die mit Milch aufgegossen wird.

CHAUDFROID: Eine helle oder dunkle Velouté aus Fleisch, Geflügel oder Fisch, die mit Tomatenpüree (rot), Hummerbutter (rosa), pürierten Kräutern (grün) gefärbt und mit Sahne und stark reduzierten Fonds (Demiglace, Jus) verfeinert wird.

CHUTNEY: Diese fruchtigen Begleiter insbesondere indischer Gerichte bestehen hauptsächlich aus zerkleinerten Früchten. Sie können gekocht oder roh verarbeitet werden. Je nach den weiteren Zutaten schmecken sie salzig, sauer, süßsauer, mal sind sie mild, mal höllisch scharf.

CONCASSÉE: Eine feinfruchtige Zubereitung aus frischen gehäuteten und entkernten Tomaten, die gewürfelt in wenig Butter und/oder Olivenöl kurz geschmort werden, bis die Flüssigkeit verdampft ist. Zum Würzen eignen sich Zwiebeln, Knoblauch, Salz, Pfeffer, Zucker, Zitronensaft, Chili, frisch oder als Pulver, und natürlich Kräuter wie Petersilie, Dill, Basilikum, Thymian, Rosmarin, Majoran, Salbei und Estragon.

COULIS: Hierbei handelt es sich um ein Püree aus Gemüse oder Früchten. Gewürzt wird neben Salz und Pfeffer mit Zwiebeln und Knoblauch und mit allerlei Gewürzen und Kräutern. Hinzu kommen je nach Belieben Wein, Brühe oder Sahne. Ein Früchtecoulis ist ein feines Fruchtpüree, welches neben Zucker mit Likör und anderen Gewürzen abgeschmeckt wird. Ein Coulis sollte nie zu lange stehen, weil es seinen feinen Geschmack verliert. Ein Coulis kann warm oder kalt serviert werden. Mit einem Coulis lassen sich auch Saucen binden.

DEMIGLACE: Ein reduzierter Fond oder eine reduzierte Brühe. Fond oder Brühe werden nach Belieben mit Kräutern, Gewürzen oder Wein gewürzt und müssen fast sirupartig einkochen. Anschließend mit kleinen Stückchen kalter Butter verrühren.

Dressing: Sie begleiten und bekleiden Salate jeder Art. Den Zutaten sind keine Grenzen gesetzt: Ein Dressing kann ebenso Früchte (Apfeldressing) enthalten wie Käse (Parmesandressing für Caesarsalat), Kräuter, hart gekochte und gehackte Eier, gehackte Nüsse, Kapern, Gürkchen, fein gewürfeltes Gemüse. Gebunden wird mit Sahne und anderen Milchprodukten, Majonäse, Öl. Abgeschmeckt wird mit Essig, Zitronen- oder Limettensaft.

Duxelles: Fein gehackte Zwiebeln und fein gehackte Champignons in Butter schmoren, bis die Flüssigkeit verdampft. Mit Salz, Pfeffer und nach Geschmack mit gehackter Petersilie oder fein gehacktem Dill abschmecken. Eine konzentrierte Brühe oder ein würziger Fond mit und ohne Sahne werden mit Duxelles zu einer feinen Sauce gemischt.

Fumet: Eine andere Bezeichnung für Fischfond.

Fond: Bei dem Fond handelt es sich um eine Saucengrundlage aus geschmorten Knochen (Fleischfond) oder Gräten (Fischfond, Fumet), allerlei Gewürzen, Kräutern und Gemüse, die langsam in Wein oder Wasser oder einer Mischung daraus gekocht und später reduziert werden. Für einen Fleischfond werden häufig klein gehackte Knochen geröstet und angebraten, mit Wasser/Wein aufgefüllt und gekocht. Wegen der Fleischskandale werden heute kaum noch Rinder- und Kalbsknochen verkauft. Brühen und Fonds werden oft stundenlang gekocht. Heute sind die Unterschiede zwischen Fond und Brühe allerdings verwischt. Fischfond besteht hauptsächlich aus Gräten und Köpfen (ohne Kiemen) von Weißfischen. Er sollte nie länger als 20 bis 30 Minuten gekocht werden.

JUS: Ein kaum gebundener, aber entfetteter Bratensaft, der mit Fond oder Brühe reduziert wird, bis der gewünschte Geschmack erreicht ist.

MAJONÄSE: Eine klassische französische Sauce aus Eigelb und Öl, gewürzt mit Senf, Zitronensaft, Salz und Pfeffer. Wer's weniger gehaltvoll mag, rührt zum Schluss etwas Jogurt unter die fertige Majonäse. Sie kann nach Belieben mit Kräutern und Gewürzen abgeschmeckt werden.

MOLE: Das ist eine typisch mexikanische Sauce, die aus geschmorten, getrockneten Chilischoten, Gewürzen, Früchten, Kräutern und dunkler Schokolade gerührt wird. Für diese aufwändige Sauce gibt es verschiedene Zubereitungen.

MOUSSELINE: Eine reichhaltige Sauce, der nach der Fertigstellung einige Löffel geschlagene Sahne untergezogen werden.

PESTO: Eine beliebte Sauce zu heißen Spaghetti. Sie besteht aus einer möglichst im Mörser zerriebenen Zubereitung aus frischem Basilikum, Knoblauch, gerösteten Pinienkernen, geriebenem Parmesan und Olivenöl. Moderne Versionen verwenden auch andere Kräuter wie Petersilie, Kerbel usw. oder nehmen eine Kräutermischung. Statt der Pinienkerne können auch geröstete Mandeln, Haselnüsse, Walnüsse oder Erdnüsse verwendet werden. Unerlässlich sind ein gutes Oliven- oder auch Nussöl und etwas geriebener Hartkäse.

- Pistou: Hierbei handelt es sich um eine französische Kräutersauce aus Knoblauch, Kräutern wie Petersilie, Basilikum, Kerbel o. Ä., geriebenem Parmesan und Olivenöl. Die Italiener mischen zusätzlich einige geröstete Pinienkerne darunter und nennen ihre Sauce Pesto.

- Raita: Diese Sauce auf Jogurtbasis stammt aus Indien, wo sie besonders gern zu scharfen Curries gereicht wird. Raita kann Kartoffeln, Auberginen, Möhren, Gurke, und Kräuter enthalten.

- Reduktion: Eine Brühe, ein Fond oder eine Sauce wird so lange im offenen Topf gekocht, bis der Geschmack überzeugt oder die Sauce die gewünschte Konsistenz erreicht hat. Oder eine Flüssigkeit wird mit Zucker zu dickflüssigem Sirup reduziert. Auch Wein und Gewürze können so lange eingekocht werden, bis eine sehr würzige Reduktion übrig bleibt, die mit Bratensaft oder einer anderen Flüssigkeit zu einer Sauce verarbeitet wird.

- Relish: Eine würzige Zubereitung hauptsächlich aus Gemüse. Ein Relish kann aus rohen oder gekochten Zutaten bestehen. Es schmeckt salzig, süßsauer, scharf oder mild. Wie Raita und Chutney stammt es aus der indischen Küche.

- Remoulade: Eine mit Cornichons, Kapern, Kräutern und Senf gewürzte Majonäse, die zu kalt aufgeschnittenen Braten, Sülzen, kaltem Fisch und gekochten Eiern gereicht wird.

ROUX: Roux ist die französische Bezeichnung für eine Einbrenne, eine Mehlschwitze. Die Butter wird zerlassen, das Mehl eingerührt und je nach Geschmack und weiterer Verwendung mehr oder weniger stark geröstet. Die Mehlschwitze wird mit Wasser, Brühe, Fond oder Milch aufgegossen. Die Zubereitung sollte etwa 10 Minuten köcheln, damit der Mehlgeschmack entfernt wird.

SABAYON: Eine ähnliche Zubereitung wie Zabaione, die aus Eigelb, Eiern, Zucker und Wein besteht. Sie wird über dem heißen Wasserbad zubereitet und muss umgehend angerichtet werden. Sabayon kann aber auch mit Eiern, Brühe, Wermut und Kräutern zubereitet werden. Beim Zubereiten ist darauf zu achten, dass die Temperatur nicht zu hoch ist, weil sonst das Ei stockt.

VELOUTÉ: Das ist ein samtige Sauce, die aus Roux, einer hellen Mehlschwitze besteht, die mit beliebiger Brühe und Wein oder Sherry aufgegossen wird.

VINAIGRETTE: Diese vielseitige und einfache Sauce besteht aus Öl und Essig im Verhältnis 3 : 1, Salz und Pfeffer. Sie kann zusätzlich mit Senf, Honig oder Dicksäften, Zitrusschalen, Kräutern, Meerrettich, Knoblauch, gehackten Zwiebeln, Trüffeln und Chilies gewürzt werden. Verwendet werden neben Olivenöl auch geschmacksneutrale Öle wie Sonnenblumen-, Keim-, Distel- und Erdnussöl und die geschmacksintensiven Nussöle. Wem die kräftigen Nussöle zu stark hervorschmecken, mischt sie mit der gleichen Menge eines neutralen Öls. Neben heller und dunkler Essig-Essenz gibt es Essige in vielfältigen Geschmacksrichtungen: Rotwein- und Weißweinessig, Sherry-, Balsam-, Quitten-, Himbeer-, Kirsch-, Holunderessig usw. Durch die vielfältigen Verfeinerungen wird die klassische Vinaigrette zu einem Allroundtalent für kalte Braten und Fische sowie Meeresfrüchte, für Salate und Gemüsezubereitungen.

WASSERBAD: Weinschaumsaucen wie Sabayon, Zabaione, Holländische Sauce, englische Creme usw. werden in einem Schneekessel/Schlagkessel (ein metallenes Gefäß mit abgerundetem Boden) verrührt und in einen etwas größeren Topf mit siedendem, nicht kochendem Wasser gehängt. Die Zubereitung muss stets mit einem elektrischen Handrührgerät oder dem Schneebesen geschlagen werden, damit das Ei nicht gerinnt und die Sauce schön schaumig wird.

ZABAIONE: Eine italienische Weinschaumsauce aus Eigelb, Zucker und Marsala. Die Zutaten werden über dem heißen Wasserbad schaumig aufgeschlagen und müssen sofort serviert werden.

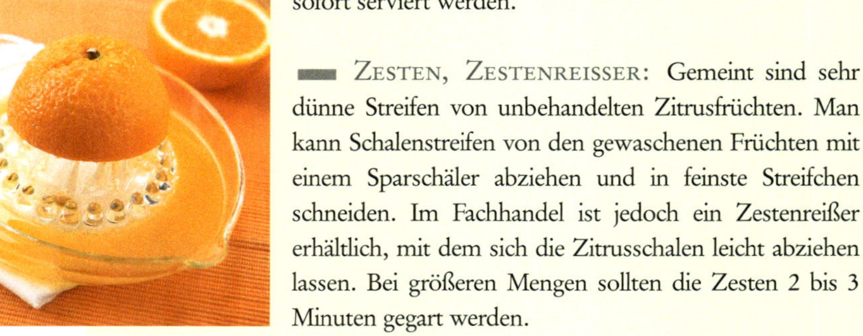

ZESTEN, ZESTENREISSER: Gemeint sind sehr dünne Streifen von unbehandelten Zitrusfrüchten. Man kann Schalenstreifen von den gewaschenen Früchten mit einem Sparschäler abziehen und in feinste Streifchen schneiden. Im Fachhandel ist jedoch ein Zestenreißer erhältlich, mit dem sich die Zitrusschalen leicht abziehen lassen. Bei größeren Mengen sollten die Zesten 2 bis 3 Minuten gegart werden.

Welche Sauce passt wozu?

Hier folgen ein paar Vorschläge, welche Sauce wozu am besten schmeckt. Natürlich ist alles eine Geschmackssache. Nicht jeder mag Tomatensauce zu gedünstetem oder gebratenem Fisch, aber trotzdem schmeckt es sehr gut. Manch einer mag Majonäse nur zu Pommes frites, ein anderer schwört auf Tomatensalat mit Majonäse. Aber wozu passt Raita, wenn kein scharfes indisches Curry auf dem Tisch steht? Die Antwort folgt weiter unten.

- Chutneys: Die würzigen Saucen aus Früchten schmecken zu gegrilltem, gebratenem und gedünstetem Fleisch, Geflügel und Fisch. Kalter Braten und kalter Fisch verträgt sich mit einem fruchtigen Chutney. Auch zu Gerichten mit körnigem Reis munden sie gut, ebenso zum Fleischfondue.

- Dips: Viele verschiedene scharfe und milde, süßsaure und salzige, cremige und sahnige Dips gehören zum Fleischfondue. Dips sind auch ein hübsches Partyvergnügen, statt Fleisch dipt jeder Gast ein paar Chips, Brot oder klein geschnittenes Gemüse in die verschiedenen Schälchen mit den pikanten Saucen.

- Dunkle Saucen: Sie entstehen durch langes Braten und Schmoren von Schweine-, Rind-, Lamm- oder Ziegenfleisch. Auch durch eine dunkle Mehlschwitze wird eine Sauce dunkel. Sie passen zu allen kräftigen Braten.

FRUCHTSAUCEN: Warme und kalte Fruchtsaucen passen zu Vanille- und Schokoladeneis, zu Puddings und Flammeris.

GEMÜSESAUCEN: Fein pürierte oder stückige Gemüsesaucen passen zu leckerer Pasta, körnigem und duftendem Reis und milden Kartoffeln, aber auch zu Frikadellen, pochiertem oder sanft geschmortem Rinder- oder Schweinefilet, Hähnchenbrust- und Putenbrustfilet sowie zu Fisch und Meeresfrüchten.

HELLE SAUCEN: Sie schmecken meist mild und passen deshalb auch am besten zu mildem Gemüse wie beispielsweise Spargel, Kohlrabi, Erbsen, Spinat oder Schwarzwurzeln. Auch zu hellem Fleisch, Fisch und zu Meeresfrüchten schmecken helle Saucen mit Butter, Sahne, Zitronen- oder Limettensaft.

HOLLÄNDISCHE SAUCE: Unverzichtbar bei Spargel ist die berühmte Holländische Sauce aus Eigelb und Butter. Gewürzt mit Senf und Kräutern wie Estragon, Pfeffer, Zitrussäften usw. schmeckt sie auch zu einer frühlingsfrischen Gemüseplatte oder zu zartem Fleisch, Fisch und Meersfrüchten.

JOGURTSAUCEN: Die meisten Jogurtsaucen sind kalt und passen zu allen Salaten. In der orientalischen Küche werden auch Lammgerichte mit Jogurt verfeinert.

KÄSESAUCE: Die beliebte Käse-Sahne-Sauce gehört zu Spaghetti oder anderer Pasta. Aber natürlich schmeckt sie auch zu heißen Kartoffeln, gekochtem Reis, Gemüse wie Blumenkohl, Brokkoli, Spargel, Schwarzwurzeln oder Kohlrabi.

Knoblauchsauce: Jede helle oder dunkle Sauce, ob kalt oder warm, verwandelt sich durch mehrere Knoblauchzehen von einer normalen in eine duftende Knoblauchsauce. Knoblauchfans werden sagen: Knoblauchsauce passt immer. Sie schmeckt zu Pasta, Reis, Kartoffeln, Mittelmeergemüse wie Artischocken, Auberginen, Fenchel, Kürbis, Paprikaschoten, Tomaten, Zucchini, aber auch zu grünen Bohnen, Gurken und Pilzen.

Kräutersaucen: Sie schmecken warm oder kalt zu hellem Gemüse wie Spargel, Kohlrabi, Blumenkohl, aber auch zu Zucchini, Pilzen, Kartoffeln, Reis und Nudeln. Klare Kräutersaucen mit Brühe oder Fond, Öl oder Butter und kräftigen Kräutern wie Thymian, Rosmarin, Salbei, Oregano und Majoran schmecken zu Tortelloni und kurzgebratenem Fleisch und Fisch sowie zu gegrillten Meeresfrüchten. Siehe auch unter Pesto/Pistou.

Majonäse und Remoulade: Diese fettreichen, aber köstlichen Saucen werden meistens für Salatsaucen und Dressings verwendet. Selten wird Majonäse in größeren Mengen zu einer Speise gereicht, außer zu Pommes frites. Remoulade passt gut zu kaltem Braten, kaltem Fisch und gegrillten Meeresfrüchten.

Marzipansauce: Eine nussige Marzipansauce schmeckt zu warmem und kaltem Obstsalat und Obstspießen. Sie schmeckt zum Schokoladenpudding, zu gefüllten und ungefüllten Pfannkuchen und zu Bratäpfeln.

PESTO UND PISTOU: Die erste kommt aus Italien, die andere aus Frankreich. Pesto gehört in erster Linie zur Pasta, Pistou bereichert eine gehaltvolle Gemüsesuppe. Zum Abschmecken verschiedener Kräutersaucen sind sie bestens geeignet.

RAITA: Eine indische Spezialität auf der Basis von frischem Jogurt. Am besten serviert man sie wie in ihrer Heimat zu sehr scharfen Fleisch-, Fisch- oder Reisgerichten und zu Curries. Weil sie frisch schmeckt, passt sie auch zu knusprigem Brot, gegrilltem Fleisch, Fisch und Meeresfrüchten.

RELISH: Wieder eine indische Spezialität, die hauptsächlich aus zerkleinertem Gemüse besteht. Relish passt zum Fleischfondue, zu gebratenem und gegrilltem Fleisch und Fisch und Meeresfrüchten. Manchmal auch zum Wurstbrot.

ROTWEINSAUCEN: Diese meist kräftigen Saucen passen zu dunklem Schmorfleisch, aber auch zu Geflügel.

SALSAS: Scharfe und milde Salsas bereichern ein Fleischfondue. Sie schmecken zu Reisgerichten, gegrilltem und gebratenem Fleisch oder Fisch und frittiertem Gemüse.

SCHOKOLADENSAUCE: Warme und kalte Schokoladensauce passt zu Vanillepudding und Vanilleeis, zu gefüllten und ungefüllten Quarkpfannkuchen, zu gebratenen Bananen.

TAPENADE: Diese würzige Zubereitung aus Oliven schmeckt auf würzigem Baguette oder Ciabatta, zu Tomate mit

Mozzarella und in kleinen Mengen zu gebratenem Fleisch, Fisch und Meeresfrüchten. Und man kann ein Dressing damit pikant abschmecken.

- TOMATENSAUCE: Natürlich gehören Pasta und Tomatensauce zusammen wie Pisa und der schiefe Turm. Aber auch Reisgerichte, Fisch und kurzgebratenes Fleisch wie Schnitzel und Kotelett vertragen sich gut mit einer Tomatensauce. Aufläufe mit Auberginen, Paprika, Pilzen, Zucchini, Zwiebeln und Kartoffeln oder Nudeln mit und ohne Fleisch oder Fisch werden mit einer Tomatensauce besonders saftig. Auch frittiertes oder gebratenes Gemüse schmeckt gut mit einer fruchtigen Tomatensauce.

- VANILLESAUCE: An erster Stelle muss natürlich der Schokoladenpudding stehen. Vanillesauce passt auch zu Obstsalaten, fruchtigem Eis, gefüllten Pfannkuchen und Crêpes und natürlich Bratäpfeln. Vanillesaucen schmecken warm und kalt gleichermaßen gut.

- WEISSWEINSAUCE: Milde Weißweinsaucen schmecken am besten zu zartem Geflügel, Kalbfleisch, Fisch und Meeresfrüchten.